CARDINAL
ANGELO SCOLA

UNE NOUVELLE LAÏCITÉ

THÈMES POUR UNE SOCIÉTÉ PLURIELLE

PRÉFACE
JEAN-LUC MARION
de l'Académie française

TRADUIT DE L'ITALIEN PAR
RENÉ NOVELLA

LIAMAR
International Publishing Group

Teologia e spiritualità
3

Cardinal Angelo Scola
Une nouvelle laïcité. Thèmes pour une société plurielle

Première édition en français : mars 2013
Traduit de l'italien par René Novella
Projet graphique : Edouard Gauthier
ISBN 978-2-36355-004-0

Titre original :
Una nuova laicità. Temi per una società plurale

Liamar Editions
29, rue du Portier
98000 Monaco
Principauté de Monaco
www.liamareditions.com
E-mail: info@liamareditions.com

Cet ouvrage a été publié avec l'assistance éditoriale
de Jean-Robert Armogathe

Sommaire

manière politique (*katastasis thes eautôn politeias*) de vivre stupéfiante et, de l'avis général, paradoxale" (*Épître à Diognète*, c.5). Cette même interrogation devient encore plus instante dans l'époque où la vieille Europe a vu surgir chez elle le spectre du nihilisme, qui, loin de se dissiper, envahit à partir d'elle le monde entier, irréversiblement semble-t-il. La question dite du "pluralisme" et du "relativisme", comme on a l'habitude de dire quand on ne prend pas le temps de penser à ce qu'on dit, signifie pour le philosophe la question du nihilisme et pour le théologien la question du *témoignage pour la vérité*.

Angelo Scola en est parfaitement averti, qui pose en thèse centrale, dont toutes les autres propositions découleront, que l'"...État démocratique est laïque de par sa non identification avec une quelconque 'vision du monde', mais il n'est absolument pas 'neutre' vis-à-vis de ses valeurs fondamentales" (*op.cit.*, p.29). Comprenons bien cette phrase, simple d'apparence, difficile au fond. Il s'agit d'abord d'une exigence, pas d'une constatation: ce que définit cette proposition reste à instaurer, loin de décrire notre situation effective. Ensuite, deux étapes se trouvent proposées comme autant de tâches.

– Premièrement, concevoir un État en l'occurrence réellement démocratique (libre, porté par des associations réelles, entre des partenaires réels et non pas abstraits, rêvés ou artificiellement normalisés), qui, parce qu'il récuserait en conséquence les idéologies et les utopies, refuserait aussi le prestige et les illusions des *Weltanschauungen*, des représentations toutes faites mais jamais réalisables – que la volonté de puissance se fabrique d'elle-même – de la société et du monde, jusqu'au délire idolâtrique compris.

– Deuxièmement, cet État sera d'autant *moins* neutre, *moins* indifférent à la vérité et aux réalités,[1] aux normes et aux logiques, qu'il aura évacué les idéologies et les "visions du monde". D'où ce paradoxe, repris dans chacune des propositions qui scande chacun des chapitres: la société sera *d'autant plus* démocratique et pluraliste, qu'elle acceptera avec *d'autant moins* de préjugés et d'interdits de débattre sur la vérité et sur ses exigences. En d'autres termes, et contre les évidences trop simples des supposés progressistes comme des déclarés conservateurs, *le pluralisme et la laïcité de la société* (qui signifie d'en finir avec les idéologies) *croît en proportion directe de l'ouverture à la vérité et à ses normes* (qui se décident à partir des exigences du bien commun, de la vie et de la mort, etc.). Entre la laïcité non-idéologique et la reconnaissance de la vérité, il n'y a pas plus de contradiction qu'entre la liberté religieuse et la vérité absolue de la Révélation chrétienne.

Toutes les "propositions" que le livre tente ensuite sur les questions qui fâchent et déroutent (État et société civile, religion et espace politique, conflits des religions et choc des civilisations, école et culture, travail et loisir, *gender* et différence sexuelle, paix et guerre, mort et vie se comprennent à partir de ce paradoxe. Mais ce paradoxe n'a rien d'un compromis: il ne s'agit pas de trouver un *équilibre* entre

---

[1] Il aurait mieux valu – qu'on nous permette cette remarque – ne pas ici parler de "valeur"; car les "valeurs" résultent toutes d'une évaluation ("objective" ou "subjective", cela fait peu de différence), donc dépendent de l'évaluateur (homme, surhomme, "On", démon ou dieu, peu importe), et relèvent donc toutes d'une autre instance que d'elles-mêmes. Toute "valeur" provient du nihilisme et le confirme. Donc les chrétiens ne défendent pas des "valeurs", ils s'appuient sur des réalités (Dieu, la liberté, l'amour, la famille, etc.). C'est d'ailleurs pour cela seulement (s'appuyer sur des choses réelles, au lieu de s'imaginer soutenir de leur faible revendication des irréalités), qu'ils vivent et survivent.

la société pluraliste et la vérité chrétienne, mais de permettre à "...la manière politique (*katastasis thes eautôn politeias*) de vivre stupéfiante et, de l'avis général, paradoxale" des chrétiens de déployer toute sa force de proposition, sa puissance et sa réserve de fécondité. Au moment où la Communauté Européenne affronte (enfin) de front la crise que ses insuffisances politiques anciennes et que ses reniements ou du moins ses dénis d'histoire récents avaient rendue – plus que les défaillances économiques – inévitable, au moment aussi où, après tout, la société politique doit en France se redéfinir dans l'urgence et dans le doute, le paradoxe et les propositions d'Angelo Scola n'arrivent pas hors de saison. Du moins, je le crois et voudrais en convaincre quelques uns.

Jean-Luc Marion
de l'Académie française

Préface

La route à parcourir pour la coexistence pacifique dans une société post-sécularisée et plurielle est la « disponibilité de tous les sujets, personnels et sociaux, à apprendre, non sans autolimitation ». C'est la thèse soutenue en 2000 par le cardinal Ratzinger dans le dialogue désormais célèbre avec Jürgen Habermas.

Dans toute relation – à partir de celles qui sont impersonnelles, pour arriver, à travers les expressions propres des corps intermédiaires, à celles qui relèvent du social et de l'institutionnel – le sujet est toujours, en même temps, lui-même et autre par rapport à chaque autre sujet en lice. *Se raconter pour se reconnaître* devient alors, en un certain sens, la première règle de la démocratie. Celle-ci émane du *pouvoir*, au sens noble du terme, que le dynamisme de reconnaissance confère à l'autre sur moi et à moi sur l'autre. Une démocratie est vraiment telle, non seulement si elle respecte, mais si elle favorise de toutes les façons cette liberté d'expression. Certes l'entreprise n'est pas facile parce que entre le libre récit et la reconnaissance entre inévitablement en jeu l'interprétation. Et la demande d'autolimitation devra finalement tenir compte aussi des limites objectives établies pour le bien de tous par l'autorité constituée.

Ce dynamisme démocratique, relativement consolidé dans le temps, semble devenu aujourd'hui, à l'époque de la démocratie procédurale, plus problématique dans son application. En Italie, le débat - non exempt de quelques aspérités – sur ce qu'on nomme laïcité, en apporte la confirmation. Les questions relatives à la sphère affective, au *bios*, aux rapports interreligieux et interculturels ont changé les termes de nos discussions nationales sur la laïcité. Sans annuler le poids des problématiques classiques qui se concentraient surtout dans le rapport État–Église, les thèmes qui convergent dans le domaine de la laïcité sont devenus nombreux et plus articulés. A tel point que l'on éprouve le besoin non seulement de repenser cette délicate catégorie, mais même d'expérimenter des formes de nouvelle laïcité. Il ne s'agit pas seulement de l'Italie, et il suffit de penser à l'Espagne ou à la France. Cédant à la courtoise insistance de Cesare de Michelis, j'ai cru utile de recueillir dans le présent volume une série de réflexions que j'ai élaborées depuis que, nommé patriarche de Venise par Jean-Paul II, j'ai dû affronter ces thématiques.

Comme le lecteur pourra le constater dès les premières lignes, il ne s'agit que de notes. De plus celles-ci sont toujours liées à des circonstances « occasionnelles » et par conséquent privées de caractère organique. C'est pourquoi elles ne prétendent pas à la nouveauté et ne portent pas la marque de la compétence. Il appartient souvent, et plus que jamais de nos jours, aux hommes d'Église de traverser les champs ardus et complexes de l'*humanum* pour démontrer l'importance raisonnable de la proposition chrétienne pour l'homme d'aujourd'hui. D'autant plus que « le mélange religion et politique sera le thème des prochaines cinquante années » (Michael Burleigh).

Je me suis efforcé de traiter les différentes questions avec les distinctions voulues, mais aussi avec le courage serein de quelqu'un qui est convaincu de deux données de base : tous les hommes finissent par avoir en commun une expérience élémentaire quotidiennement entre-tissée d'affections, de travail et de repos et un Père amoureusement exigeant conduit l'histoire de chacun et de toute la famille humaine. Cela justifie mon récit. Visant à la confrontation et à la connaissance réciproque.

Ce ne sont que des notes pour une *proposition*. Comment pourrait-il en être autrement pour un chrétien, disciple de Celui qui, vérité vivante et personnelle, s'est *proposé* à la liberté finie de l'homme, jusqu'à offrir, bien qu'innocent, Sa vie pour nous ?

Venise, octobre 2006

Angelo Scola

Une nouvelle laïcité

1

Une nouvelle laïcité

Repenser les termes de la question

Depuis quelque temps nous assistons dans notre pays (et ailleurs) à un vigoureux débat sur la "laïcité".
Sans vouloir entrer dans des évaluations relatives aux diverses positions qui ne cessent – de manière plus ou moins constructive – de se confronter, on ne peut éviter un sentiment d'amère insatisfaction. Peut-être au cours de ces dernières années, avons-nous été privés d'interprètes en la matière, laïques et catholiques, faisant suffisamment autorité pour être reconnus par toutes les réalités en présence. En tous cas une reconsidération est nécessaire et, surtout une pratique radicalement renouvelée de la laïcité en référence soit à la société civile, soit à l'État. Ce qui s'impose, notamment aux pays européens, c'est la rapide transition que nous sommes en train de vivre dans le passage de la modernité à l'époque dite post-moderne qui trouve ses plus éclatantes expressions dans la mondialisation, dans

les réseaux sociaux, dans l'importance des découvertes biotechnologiques et dans le processus, souvent tragique, de « métissage de civilisations ». Les penseurs les plus avisés reconnaissent que les sociétés européennes actuelles se trouvent dans une situation de post- sécularisation consécutive à la faillite des utopies qui, en fait, ont été des religions politiques substitutives. Récemment Habermas a affirmé que

"la conscience publique d'une société post séculaire [...] implique et rend réflexives des mentalités, religieuses et laïques asynchrones. Les deux parties peuvent donc prendre au sérieux leurs contributions réciproques sur des terrains controversés dans l'opinion publique [...] si elles entendent ensemble la sécularisation de la société comme un processus d'apprentissage complémentaire". (J. Habermas, J. Ratzinger, *Ragione e fede in dialogo*, Venezia, Marsilio, 2005, p. 59).

Sur cette déclaration du célèbre philosophe allemand, le Cardinal Ratzinger était substantiellement d'accord. Après avoir constaté qu'avec la fin d'une "idée absolue" de l'histoire, l'Occident doit non seulement tenir compte de l'existence d'une pluralité de grandes aires culturelles – islam, hindouisme-bouddhisme, cultures tribales africaines et cultures latino-américaines – mais aussi de l'existence, à l'intérieur de chacune d'entre elles, de conflits parfois très profonds, le cardinal en arrivait a conclure qu'en fait parler d'éthique globale est une abstraction. La seule route ouverte pour la coexistence pacifique dans une société post sécularisée est plutôt la "disponibilité à apprendre et l'autolimitation de la part de chacune des parties (*religieuse et laïque*)" (*ibid.*, p.79).

C'est sur le terrain de ces lignes de pensée que, me semble-t-il, peut s'épanouir le nécessaire renouvellement de la catégorie et de la pratique de la laïcité, et cela aussi dans notre pays. Il s'agit d'une urgence qui ne peut être différée, eu égard aux attentats terroristes atroces et antihumains qui ont frappé l'Occident et aux guerres qui ensanglantent la planète.

Sans sociétés et États européens pluriels, mais solidaires intérieurement pour une saine laïcité, il est probable que d'entières couches de population se convainquent facilement qu'il n'existe pas d'alternative réelle au conflit de civilisations, s'anéantissant ainsi l'espoir né au début du troisième millénaire, avec un retour à la tragique logique moderne du conflit entre idéologies ennemies.

La racine anthropologique du pouvoir

À la genèse d'une société civile et d'une institution étatiquement laïque appartient le délicat problème consistant en la façon de composer équitablement, en derrière analyse, en termes de droits et de devoirs, les identités et les différences. Une relation dynamique, toujours ouverte, de ces deux dimensions vitales de la coexistence humaine est réclamée par le statut même de la personne, qui n'existe jamais comme monade séparée et autosuffisante, et donc inexorablement destinée à s'opposer (selon la vision typique de l'individualisme moderne). Le *moi* existe toujours et seulement en référence à un *toi*. C'est pourquoi chez l'homme la "capacité" relationnelle n'est pas quelque chose d'accessoire, mais de constitutif. Elle appartient à sa nature. Dans la réalité, en effet, il n'y a jamais une individualité qui soit seulement elle-même sans être en relation avec d'autres individus. Pour cela, chacun se place comme sujet de dignité et de droits originaires et inaliénables, il doit reconnaitre l'autre comme sujet différent de soi et doté de la même dignité et des mêmes droits. Ce dynamisme, propre à l'expérience de chaque homme, prouve la racine anthropologique de la *societas*: l'individu n'est jamais pensable sinon en relation sociale avec d'autres sujets de même dignité.

Si donc le lien entre identité et différence est indépassable et producteur de société, la façon concrète dont les hommes vivent leur être en relation essentielle est (ce qu'une certaine tradition philosophique appelle) la *connaissance réciproque*. Les hommes demandent à être identifiés et acceptés dans leur irréductible dignité de sujets, à être reconnus par le visage humain qui les distingue et à la fois les met en relation entre eux: en ce sens, lorsqu'ils disent *j*'affirme le *tu*, je lui demande, en fait, de me reconnaître comme *je*.

C'est en cela, à bien y regarder, que réside la genèse primaire du *Pouvoir* sur lequel il conviendrait de retourner à penser (en reprenant aussi les réflexions de Foucault). En dernière analyse qu'est donc le pouvoir sinon le pouvoir de reconnaissance, donné à l'un par l'autre, sus la base d'un besoin réciproque ?

Depuis les liens primaires jusqu'au nécessaire pouvoir de l'État, avec l'inévitable force coercitive dont il est doté, à des degrés divers et sous différentes modalités, le pouvoir vit de cette logique de reconnaissance. Chacun de nous, en fait, exerce un pouvoir et est objet de pouvoir. Il s'agit d'un lien entre sujets, qui ne peut en aucune façon être contourné, parce que constitutif du dynamisme vital dans lequel est insérée la personne humaine. Une mère qui sourit à son enfant le

“reconnait”, exerce un pouvoir sur lui. C’est un pouvoir dont l’enfant a besoin et qu’à son tour il exerce (aussitôt) sur ses parents.
Non seulement, mais dans la mesure où l’on est en condition d’exercer un pouvoir de reconnaissance, on exerce, en fait, aussi un pouvoir d’*autorité*. Ainsi, l’*autorité*, aujourd’hui trop souvent ressentie seulement comme un joug extérieur est au contraire exigée comme lien interne avec le dynamisme de la liberté elle-même, qui ne perd pas pour autant sa souveraineté.

L’irrépressible dynamique de la société civile

Le fait constitutif pour le sujet individuel, d’être en relation de reconnaissance avec d’autres, qui maintient unité et différence en dialogique tension, donne naissance à la *société civile*. La société n’est donc pas une somme d’individus, parce que la relation est constitutive de la personne. On le constate par le fait que dans la société s’expriment les précieux corps intermédiaires primaires comme la famille et les communautés de proximité, parmi lesquelles se distinguent celles qui sont suscitées par leur appartenance religieuse auxquelles peuvent aujourd’hui être assimilées aussi des formes de solidarité primaire concrètement agnostiques. A celles-ci se mêlent ensuite les corps intermédiaires, pour ainsi dire, secondaires ou dérivés, mais eux aussi décisifs, telles les formes variées d’associations fondées sur le gratuit (le non lucratif) ou sur des buts (intérêts) partagés, comme les partis, les syndicats, les entreprises économiques et financières. De cet ensemble bigarré, amalgamé par la langue en tant que racine de culture et d’histoire, naissent un peuple et une nation. Catégories encore vitales, même si nécessitant une courageuse remise en cause à partir de la transition violente dont il a été question. Société civile signifie donc essentiellement *dialogue*, *narration* réciproque de la propre subjectivité, à la fois personnelle et sociale, à partir de ce qu'inévitablement l'on a en commun *comme biens de caractère matériel et spirituel*. Nous le voyons tous les jours dans les assemblées de copropriété comme que dans celles de quartier, en parlant d'entretien des bâtiments ou des besoins des personnes âgées.

La vie de la société civile, donc, nécessite une reconnaissance réciproque, continue et progressive des différences, de la part des identités toujours en relation. Relation, reconnaissance et pouvoir sont les dimensions structurelles et constitutives de la société civile qui, comme telles, ne tirent leur origine ni ne dépendent d'aucun pouvoir supérieur. Pour cela elles exigent que la société civile puisse vivre et exercer la libre dialectique de ses rapports entre identités différentes, soit individuelles, soit associées, qui ont des appartenances, des traditions culturelles, des intérêts matériels et des idéaux divers; aujourd'hui, toujours plus, aussi des ethnies et des religions diverses. D'autre part, la relation de reconnaissance est aussi un pouvoir ambigu, qui se prête à la promotion comme à la manipulation, à la protection comme à l'asservissement de l'autre. C'est pourquoi, à ce niveau, la société civile a toujours besoin de se doter d'une instance supérieure, jamais substitutive, mais régulatrice (défensive et promotionnelle) de sa vie relationnelle, de son pluralisme physiologique, de sa dialectique historique. Une telle instance régulatrice est modernement parlant l'*État*.

Valeur de la laïcité de l'État et valeurs fondatrices de la société

En tant qu'instance supérieure l'État doit être – selon la terminologie désormais d'usage – "laïque".

Mais il est clair qu'à ce point laïcité doit signifier la non identification avec aucune des parties en cause, c'est-à-dire de leurs intérêts et de leurs identités culturelles, qu'elles soient religieuses ou laïques. Toutefois en vertu de sa fonction même, l'État laïque n'est pas synonyme d'État "indifférent" aux identités et à leurs cultures. Il ne peut être surtout et, en fait, il n'est jamais indifférent aux valeurs de la tradition nationale prédominante auxquelles il fait historiquement référence, comme le démontrent les diverses « histoires constitutionnelles » des États.

En tout cas, un État démocratique ne peut être indifférent aux grandes valeurs fondamentales de la *coexistence démocratique*, comme celles des libertés civiles et politiques, de la coexistence dans le dialogue, du respect des procédures pour le consensus etc. A celles-ci et à d'autres valeurs et biens communs fait référence l'*État de droit* ainsi que le *pouvoir public étatique*. Donc l'État démocratique est laïque de par sa non-identification avec une quelconque "vision du monde", mais il n'est absolument pas "neutre" vis-à-vis de ses valeurs fondamentales.

La laïcité de l'État dans toutes ses institutions (jusqu'au conseil de quartier) est donc un exercice constitutif et réciproque de promotion et de tutelle (*tuitio*) du droit et de valorisation positive de tous les sujets en présence, grâce à l'engagement dans la relation de reconnaissance. Seule la reconnaissance régénère continuellement les identités en les mettant a l'abri de tout intégrisme, cependant qu'elle

empêche que les différences conduisent à des exclusions conflictuelles.
Une telle laïcité requiert aussi des organes étatiques l'exercice équitable des pouvoirs de garantie visant à rechercher inlassablement le "com-promis noble", cœur de l'action politique qui a dans le peuple son arbitre incontestable et jamais remplaçable par aucune *auctoritas* de soi-disant interprète d'avant-garde des besoins des gens.
A ce point la société post-sécularisée et post-moderne doit se poser avec courage une deuxième question centrale. Je ne l'introduirai pas à partir de la catégorie trop discutée de *vérité*, parce que je veux retenir, fût-ce comme hypothèse de travail, l'instance aujourd'hui chère à de nombreuses personnes, que "la constitution de l'État libéral sache pourvoir à son propre besoin de légitimation de manière autosuffisante" sans devoir faire recours à des prémisses unificatrices de type métaphysique, religieux ou éthique.
Dans cette hypothèse, que devient un exercice concret de la laïcité, respectueux de la relation constitutive et indépassable d'identité-différence dans la coexistence quotidienne de personnes et de subjectivités religieuses et agnostiques de genre et degré divers? Quelles prérogatives doivent-elles être assignées conséquemment aux institutions constitutionnellement réglementées?

Pour garantir un espace pour tous les sujets concernés

Un cadre de laïcité adéquate doit me permettre, à moi croyant, d'œuvrer dans la conviction que Dieu gouverne l'histoire, avec de décisives implications sur la vie civile, et doit reconnaitre les mêmes droits et devoirs à qui nie cette hypothèse avec toutes les fibres de son être. Il me semble alors que, dans une société plurielle, une pleine laïcité exige les meilleures conditions possibles pour promouvoir des sujets personnels et sociaux prêts au dialogue et à la reconnaissance réciproque, en vue de la plus large et harmonieuse entente voulue par le besoin primaire du partage des biens communs (matériels et spirituels).

Mais comment pourra-t-on poursuivre une si difficile harmonie sans accord de conception notamment sur ce que sont les biens spirituels? Il sera avant tout nécessaire que les institutions promeuvent *la valeur pratique de l'être en société* qui n'exige comme telle aucun accord préalable sur le fondement ultime de cette valeur. A l'intérieur de cet espace garanti à tous pourra vivre le dynamisme de la reconnaissance dialogique parmi tous les sujets concernés sur chacun des contenus de valeur. Cela adviendra à travers une confrontation toujours ouverte entre herméneutiques diverses.

Pour qui considère comme décisif reconnaître Jésus-Christ comme la vérité à laquelle se référer pour vivre ses affections et son travail, une telle confrontation signifiera que sa vision de ces facteurs et d'autres facteurs de la vie civile devra être toujours et seulement *proposée* à la liberté de l'autre, dans le rigoureux respect des droits de chacun et dans la conviction que, dans le dialogue, il pourra lui-même apprendre mieux ce qu'est le bien commun. Et cela signifiera aussi s'attendre à un même respect et à un même intérêt dialogique de la part des autres sujets sociaux.

Du reste le Christ lui-même, vérité absolue mais vivante et personnelle, n'a pas craint de se proposer à la liberté de l'homme jusqu'à se laisser crucifier. Saint Ambroise affirme:

« dilate ton cœur. Viens vers le soleil de la lumière éternelle qui éclaire tout homme (*Jean* 1,9). Sans doute, la vraie lumière brille pour tous (...). mais celui qui ferme ses fenêtres se privera de l'éternelle lumière. Donc, le Christ lui-même est laissé dehors, si tu fermes la porte de ton esprit. Bien qu'il soit capable d'entrer, il ne veut pas s'introduire de force, il ne veut pas contraindre ceux qui le refusent » (*Commentaire du Psaume* 118).

Pour le chrétien la vérité demande à être témoignée. Si je témoigne la vérité, toute la vérité, je ne lèse le droit de personne. Au contraire je le promeus. Par exemple, si je juge saine une société qui repose sur des familles conçues comme des unions stables entre homme et femme ouvertes à la vie, je proposerai dans l'arène publique cette vision de la société, en acceptant loyalement la confrontation avec d'autres conceptions, dans le respect des droits de chacun et en utilisant toutes les procédures constitutionnellement prévues. Si je me soustrayais à un témoignage juste et propositif de ce genre, je n'apporterais pas une contribution dialogique à la société civile.

Un État non confessionnel et non neutre

A quelles conditions cette attitude respecte-t-elle jusqu'au fond le droit de celui qui, pour se limiter à la famille, pense au contraire que cette conception est totalement dépassée? Une tendance actuelle consiste à interpréter la laïcité de l'État comme en contradiction avec une législation familiale qui implique la tutelle des valeurs propres à une tradition particulière, comme celle de l'humanisme catholique. Si l'État est laïque – en raisonnant – sa législation aussi doit être laïque, c'est-à-dire axiologiquement neutre. D'où le critère politique de l'*interdit d'interdire*: "le catholique ne respecte pas la laïcité de l'État, s'il propose comme institution juridique un modèle qui correspond à son herméneutique de famille parce qu'il en exclut une autre et confessionnalise l'État".

A notre avis, cette façon d'argumenter finit par être acritique sous un double profil. Avant tout elle suppose qu'une législation s'inspirant de critères divers de l'humanisme personnaliste d'inspiration religieuse est de par elle-même neutre. Alors que, évidemment, elle ne l'est pas, mais elle s'inspire de valeurs diverses. En second lieu, et plus amplement, la laïcité de l'État s'interprète de manière erronée, parce que l'un confond (contre la distinction que nous avons déjà faite) la "non confessionnalité" de l'État avec la "neutralité" à l'égard des sujets civils et de leur identité culturelle. Au contraire ces identités deviennent étatiquement importantes en vertu de leur expression démocratique.

L'État protège le libre débat des idées et des propositions législatives, mais il n'est pas indifférent au résultat de la confrontation démocratique entre les partis. Au contraire, il est tenu de l'assumer. En d'autres termes, c'est le peuple qui discerne avec son histoire et sa sensibilité, directement ou par l'intermédiaire de ses représentants légitimes dans le respect des droits mais aussi des devoirs édictés par la Constitution (sur ces thèmes: F. Botturi, *la laicità alla prova della democrazia*, "Vita e Pensiero", 4, 2003). Cela doit mettre en œuvre la recherche vertueuse de la meilleure façon (compromis noble) de sauver le droit de toute minorité, mais avec le réalisme de qui sait bien que l'on ne peut accorder la coexistence civile sans sacrifices et que, en tout cas, la supériorité d'un certain type de législation, les matières étant d'intérêt général, limite les intérêts matériels et/ou idéaux d'une partie. Dans cette logique, comme il est juste d'exiger des musulmans, qui constituent une minorité en Italie, le respect de la Constitution, même si cela devait leur susciter un sacrifice du point de vue de leur herméneutique du bien commun (par exemple à propos de la polygamie) de même, selon ce sain concept de laïcité, il ne me paraît pas contradictoire de demander quelques sacrifices à une minorité prétendant une reconnaissance juridico-législative rejetée par la majorité, sauf en ce qui concerne la reconnaissance et l'exercice des droits fondamentaux de la personne.

Le cas exemplaire de Venise

Venise, symbole universel, en soi et en son être, du dynamisme innovateur de tout le nord-est de l'Italie, est appelée à devenir toujours plus un lieu privilégié et paradigmatique où pratiquer et approfondir les aspects de cette physionomie renouvelée de la laïcité, en mesure de prendre en charge la nature post-séculière et post-moderne de notre société.

Cette tâche est d'autant plus actuelle qu'elle apparaît aussi comme un devoir envers l'histoire séculaire de Venise. Nous sommes en effet débiteurs de la présence pluri-centenaire de disciples d'autres religions dans la lagune: comment ne pas rappeler le poids objectif de la communauté juive dans la société vénitienne ou les rapports commerciaux et autres avec les peuples du proche et de l'extrême orient? Les frontières de notre société, en vertu d'une vision universaliste et cosmopolite de l'activité maritime et commerciale, ont rejoint les limites extrêmes du monde connu: comment ne pas découvrir par exemple le fil rouge qui relie l'aventure de Marco Polo et les défis économiques actuels?

Enfin toute l'histoire de la Sérénissime république est traversée par la perception aiguë de son autonomie, même par rapport au pouvoir temporel du pape. Autonomie défendue, sans pour cela mettre en doute la ferme adhésion de la république à la foi catholique, même dans les moments de majeure difficulté politique ou d'urgence sociale.

Le précieux héritage de notre histoire pousse notre ville et notre région à devenir protagoniste d'une laïcité renouvelée au bénéfice de notre pays tout entier et de l'Europe.

2

Société civile, politique, État

La précieuse "subjectivité" de la société

La première contribution pour clarifier la notion de société nous vient du monde grec. Là elle ne se représente pas comme le pur produit de la volonté de chacun, mais comme une réalité qui appartient à la nature de l'homme, dans le nécessaire penchant à son propre accomplissement. Déjà Platon et, plus tard, Aristote placent, avec une conscience théorique précise, l'origine de la société et de l'État dans la nature humaine. La *koinonia* est cependant toujours pensée par Aristote en référence à la réalité de la *polis* (*Eth. Nic.*, 1160a 8). Dans l'État, aussi, citadin et individu coïncident, l'aspect étatique et social sont fondus ensemble.

Avec le christianisme apparaît la possibilité d'une totale remise en cause de la thèse aristotélicienne concernant la sociabilité naturelle humaine, l'introduction de la catégorie de personne comme réalité qui possède une valeur absolue et contraint à reformuler l'entier rapport entre l'individu et la société d'une part et l'État de l'autre. Si la nature profonde et inaliénable de chaque homme créé à l'image du Dieu en trois personnes est de l'ordre de la communion, elle en fonde aussi de façon absolument prioritaire le caractère social. Ce dernier n'est cependant pas défini avant tout par l'insertion de la personne dans l'État, qui n'est pas l'expression originaire de la dimension sociale de l'expérience humaine.

L'État, dans l'acception moderne du terme, est appelé à être une *fonction* de la société civile, à son tour formée de personnes qui vivent des rapports réciproques dans ce que l'on nomme les *corps intermédiaires*, le premier desquels est la famille.

Il s'agit de réalités qui prennent racine dans la nature de l'homme et qui, dans le plein respect des priorités dictées par le bien commun, jouissent d'une autonomie propre. Dans ses encycliques sociales (notamment dans *Sollicitudo rei socialis* et *Centesimus annus*) Jean-Paul II, faisant référence aux corps intermédiaires, a parlé de *subjectivité* de la société. Le mot souligne la primauté de la personne et des corps intermédiaires par rapport à l'État, qui représenterait une *objectivité* en fonction et entièrement au service de la société civile. Le thème a été repris par Benoit XVI dans *Deus Caritas est.*

Grandeur et pauvreté de la politique

Par conséquent l'action politique et le pouvoir de l'État ont toujours des limites précises et infranchissables. Le pouvoir politique et de l'État, en effet, n'a rien de sacré et donc n'est pas omnipotent.

L'affirmation du Christ: "rendez donc à César ce qui est à César et à Dieu ce qui est Dieu" (*Mt* 22, 21) représente, dans cette optique, la plus efficace démythification du pouvoir politique jamais soulevée dans l'histoire. Avec la distinction entre *ce qui est à Dieu* et *ce qui est à César*, la foi chrétienne en a indiqué les limites intrinsèques: aucun pouvoir politique ne peut combler toute la portée du désir humain. Ainsi s'affirme indirectement la dignité de la personne fondée sur la capacité de transcendance. Elle ne dérive d'aucun pouvoir politique ni d'aucune institution.

En outre, en se fondant sur la promesse de l'accomplissement eschatologique du royaume de Dieu, le christianisme protège l'engagement politique contre le mythe d'une société parfaite. Là où la foi est empêchée d'exercer sa fonction de conscience critique de la politique il y a le danger que s'insinue plus facilement une vision utopique de l'homme et de la société, comme nous l'a tragiquement démontré notre histoire contemporaine. Nous en trouvons des confirmations toujours plus nombreuses et souvent inattendues même par des voix du monde laïque. Ainsi affirme Ceronetti: "Tant que résiste l'ossature chrétienne qui, discutée et rudement brisée, est sous-jacente à tout ce que nous appelons Occident, le terroriste suicidaire demeurera ici quelqu'un du dehors, la contagion n'aura pas de prise. Attention à ne pas démolir les immunités subsistantes" ("la Stampa", 8 février 2004, p.1).

Si, d'une part, l'Église reconnaît le rôle irremplaçable et l'indiscutable dignité de la politique, de l'autre, avec un grand réalisme, elle en voit les limites indépassables. Elle reste toujours, en effet, une activité de l'homme, dont la liberté n'est pas seulement limitée et historiquement située, mais aussi concrètement blessée par le péché. C'est pourquoi, dans sa première encyclique, Benoît XVI rappelle que la foi vécue dans la communauté ecclésiale est offerte à l'homme comme une voie et une force de purification de la raison sur laquelle se fonde "l'ordre juste de la société et de l'État (...) devoir essentiel du politique" (*Deus Caritas est*, p. 28). Foi et raison, comme charité et justice, ne s'opposent pas mais vivent en pérenne et fécond rapport d'unité duale. Ainsi l'Église collabore avec et soutient la politique, mais ne la remplace pas. Le service qu'elle rend en permanence aux hommes de toutes générations ne peut être considéré comme une fois pour toutes. Il ne s'agit pas, en effet, de formuler une théorie, pour l'appliquer ensuite à la réalité. Au contraire les hommes, en suivant de manière critique les processus historiques, sont appelés à reconsidérer, d'une fois à l'autre, le bon ordre de la société. Pour cette raison, il n'est pas d'époque historique qui puisse ne pas tenir compte de la nécessaire purification de l'inévitable idéologie.

Le "compromis noble" ou l'antidote contre l'idéologie

De ces prémisses précises naît une méthode adéquate pour l'exercice du pouvoir en démocratie. Ceux qui l'exercent en se donnant totalement à la recherche du bien commun, sont appelés à recourir – dans la comparaison continuelle, et souvent dialectique, avec tous – au *compromis*. L'expression ne doit pas être mal interprétée mais prise dans toute sa signification. Elle dérive du latin *cum* (ensemble) *promittere* (promettre) et indique l'engagement à s'en remettre mutuellement à un arbitre, en acceptant sa décision. C'est pourquoi elle exige la disponibilité à renoncer, si nécessaire, à ses opinions et à sacrifier ses intérêts et ceux de sa partie en faveur du bien de tous. Dans la vie politique, l'arbitre est la personne du citoyen. Et le citoyen comme nous l'avons vu n'est jamais isolé, mais toujours immergé, depuis sa naissance, dans des communautés (de la famille à toute sorte de communauté intermédiaire). L'arbitre, donc, du compromis comme loi noble de l'action politique est, en dernière analyse, le peuple. Les nécessités, les besoins et les aspirations du peuple dans sa complexité articulée – selon la triple dimension des affections, du travail et du repos – doivent avant tout demeurer à l'esprit de celui qui revêt une quelconque autorité. C'est pour cela que Paul VI n'a pas hésité à définir la politique comme une des formes les plus élevées de charité: la politique, en effet, met en scène des acteurs capables d'un authentique sacrifice et de renonciation, ouverts au don de soi pour le bien du peuple.

La recherche passionnée et quotidienne du bien commun trouve un test particulièrement probant dans le souci de la dimension éducative intrinsèque à toute action sociale. En effet, si l'on réduit le peuple souverain à une simple source d'opinions à enregistrer au moyen de techniques d'enquête aujourd'hui toujours plus sophistiquées, on le considère en état de permanente minorité. Il importe au contraire de favoriser la naissance et la vie de ces sujets populaires qui sont la sève vitale d'une démocratie substantielle.

Autrement, parler du peuple comme arbitre du compromis serait abstrait et illusoire et finirait par conduire dans la mer démontée et ingouvernable de la "volonté générale", de type rousseauiste, qui connaît malheureusement aujourd'hui de nombreuses rééditions sournoises parmi bien des philosophes de la politique. Elles reçoivent un renfort inquiétant du déferlement de ce qu'on nomme "télécratie", dans la vulgate de laquelle le mot *peuple* est significativement toujours plus absent.

Subsidiarité et solidarité
les deux colonnes d'une démocratie authentique

Dans des sociétés chaque jour plus globalisées comme celles de notre Occident, il devient toujours plus urgent de construire une démocratie substantielle à l'échelle mondiale qui reconnaisse l'inaliénable sanctuaire de chaque personne à travers l'exercice concret des droits fondamentaux individuels, sociaux, politiques, culturels et économiques. Et l'on doit dire avec force que la séquence organisée de ces droits doit être maintenue dans son intégralité. Ils demeurent tous ensemble ou ils tombent tous ensemble.

Leur garantie est assurée par les deux colonnes de la *subsidiarité* et de la *solidarité*. La première vérifie une action politique qui dans la vie de la société mette réellement au premier plan la personne et les corps intermédiaires, au service desquels doivent se placer les institutions étatiques. L'équation vie politique-État est en fait absolument inadmissible.

La solidarité est un autre nom de cette *charité sociale* à laquelle Benoît XVI fait référence dans la seconde partie de l'encyclique *Deus Cariats est*. Pour elle, comme chaque homme est appelé à se pencher sur les besoins de chacun de ses semblables – à partir du plus pauvre et du plus marginal – de même chaque nation est appelée à se pencher sur toute autre nation, poussée par la noble compétition visant à édifier *la civilisation de l'amour* (Jean-Paul II, *Sollicitudo rei socialis*, p. 33).

Dans cette perspective l'économie aussi devra trouver avantage à plier sa logique pour affirmer un profit équitable respectueux de la primauté du travail et, même avant, de son sujet. Avec le courage d'ouvrir de nouvelles voies et d'investir sur le capital humain et sur le capital social, en se chargeant de la croissance effective des nombreux peuples encore condamnés à la misère.
Comment le tableau jusqu'ici tracé peut-il se soustraire à la critique sceptique de celui qui le lit comme une réédition de l'optimisme utopique précédemment exorcisé? A une seule condition: qu'il soit assumé comme style de vie par les sujets effectivement concernés (tous les *corps intermédiaires*, en somme la floraison bigarrée des agrégations sociales dont notre terre est richissime). Il ne s'agit pas d'inventer de nouveaux sujets ni encore moins de leur fournir des programmes à réaliser, mais seulement de seconder le dynamisme de leur vie réelle.

Droits, devoirs et lois

On connaît l'importance que le langage juridique a prise de notre temps. Droit et économie ont en fait amplement réduit le poids qu'avaient autrefois théologie et philosophie dans la réflexion sur l'homme et sur son action personnelle et sociale. Aujourd'hui celle-ci se manifeste surtout dans le domaine de l'individuation, de la reconnaissance et du respect des droits fondamentaux. Le dialogue entre Occident et Orient et en particulier le rapport avec de grands secteurs du monde islamique trouvent aussi dans le droit un important terrain de confrontation.

A ce propos nous assistons en Occident à un singulier paradoxe. On évoque continuellement droits et libertés et dans le même temps on assiste à une prolifération indiscriminée de lois et de règlements aux mailles toujours plus serrées. Cet état de choses semble être la conséquence de la réduction de la coexistence civile à l'action de deux simples acteurs en quelque sorte opposés l'un à l'autre. D'une part chaque individu qui jouit d'une gamme croissante et indéfinie de droits par rapport à l'État qui est appelé, de l'autre, à les protéger en légiférant de manière prolixe en toutes matières. Cette situation conduit, en fait, les individus à vouloir, comme disait le philosophe du droit Sergio Cotta, "ne jouir que de droits sur les autres hommes" (*Attualità e ambiguità dei diritti fondamentali*, en *Diritti fondamentali dell'uomo*, Roma 1976, pp. 1-23, ici p. 23). Il est impossible qu'une pareille position ne finisse par léser le droit d'autrui.

Il est donc nécessaire de construire une symétrie bilatérale entre droits et devoirs, sans laquelle "mon droit" n'est pas pensable en termes respectant vraiment le "droit d'autrui". Il est vrai en effet qu'aucun droit fondamental ne peut être effacé par la prétention d'une quelconque institution législative, toutefois il est aussi vrai qu'aucun droit fondamental ne peut être interprété par celui qui le détient comme pouvoir et comme liberté absolue et arbitraire.

Cet état de choses fait ressortir encore plus la nécessité de préciser le droit du sujet dans cet univers de la mesure et de l'harmonie dont la loi est l'expression. Il n'y a pas de loi sans détermination de la loi. Si, comme nous l'avons dit, le recours à la loi est même trop marqué dans la société d'aujourd'hui, cette prolifération dépend du fait que, toutefois, n'est plus évidente la nécessité de comprendre la loi non comme une mesure imposée par "volonté du pouvoir, mais comme mesure requise par la raison des choses, comme disait Hegel, ou mieux par la structure même d'être homme" (*ibid.*).

La nécessité de maintenir en étroite unité le trinôme droits, devoirs et lois fait comprendre comment la société civile ne vit pas d'une dialectique permanente entre chaque individu et État, mais croît et se développe harmoniquement, comme nous avons dit, à travers de précieux corps intermédiaires.

Cette constatation ouvre tout le champ de la démocratie. Ainsi substantiellement comprise, la démocratie tient en profond respect toute personne et reconnaît à l'État une instance supérieure, jamais substitutive, mais régulatrice (défensive et promotionnelle) de sa vie relationnelle, de son pluralisme physiologique, de sa dialectique historique. Pour libérer le sujet de diverses équivoques, il n'est pas inutile de souligner comment, selon la tradition catholique qui au siècle dernier a reçu une formulation organique dans la doctrine sociale de l'Église, l'État reste de quelque façon secondaire par rapport à la société. Il est à son service mais ne doit jamais se substituer à elle. L'État n'est pas un déjà donné, un absolu, un "depuis toujours et pour toujours". Ce sont là des attributs que judaïsme, christianisme et islam reconnaissent, d'un commun accord, à Dieu, mais qui, quand ils sont appliqués tout court à l'État, conduisent aux tragiques événements que le XXème siècle a placés sous les yeux de tous.

3
Religions et politique

Le “retour des dieux”

Avec la fin de l’époque des utopies – l’époque, pour emprunter l’expression à Lyotard, des « grands récits » – l’incidence des religions et des sectes dans toute la planète, en particulier celle des islams, est en train de démentir la prévision dominante dans les années d’après-guerre, selon laquelle dans le monde contemporain les phénomènes religieux étaient destinés à perdre de leur importance sociale et politique. En outre on s’attendait à ce que le processus de sécularisation débouchât sur l’avènement de ce que l’on appelait le *monde mondain*, et au contraire nous assistons à l’explosion d’un sacré vraiment sauvage. Les conflits tragiques, qui ont éclaté dans chaque coin du globe après la chute du mur de Berlin, suffisent à dévoiler l’ingénuité de l’image d’un XXIème siècle destiné simplement à réaliser la mondialisation du *lifestyle* occidental sous le signe, pour utiliser une expression de Calasso, d’une “Humanité avec le poids encombrant de la majuscule" ("Corriere della Sera", 5 mai 2002, p. 33).

Pour éviter que cette trop rapide considération à propos du poids socio- politique du phénomène religieux soit taxée de prétention acritique, il faut prendre sérieusement en considération la nature objectivement dialectique du rapport entre religion et modernité. Et si nous voulons respecter l'histoire de l'Europe dont la *mind* est de portée fondamentalement globale, nous devons parler explicitement de dialectique entre *christianisme* et *modernité*. En quoi consiste-t-elle?

Commençons par un pôle de la dialectique. Nous pouvons aujourd'hui sereinement affirmer que la modernité a conduit le christianisme à expliciter rigoureusement les conséquences de la si salutaire autant que nécessaire distinction entre religion et politique déjà énoncée par l'Évangile avec la célèbre affirmation "rendez donc à César ce qui est à César et à Dieu ce qui est à Dieu" (*Mt.* 22, 21). La modernité, surtout avec les Lumières, a ainsi fait échec à une certaine dérive idéologique de l'expérience chrétienne, due à une conception *doctrinaliste* qui réduit la vérité révélée uniquement à un "système de propositions conceptuelles d'où se *déduit* chaque aspect de la réalité". On finissait ainsi par en nier le caractère historique, imprévisible et non saisissable et par sous-évaluer le poids du rapport de la vérité avec la liberté. De nombreux événements liés à l'inculture du christianisme en Europe – il n'y a pas de raisons pour ne pas le reconnaître – illustrent ce fléchissement idéologique.

Une vision à sens unique du rapport *vérité-liberté* entra progressivement en crise à partir de la première modernité. Cette vision affirmait justement le devoir pour la liberté de faire place à la vérité tout entière. Toutefois elle ne montrait pas clairement comment intégrer aussi au sens de la *liberté pour la vérité* celui de la *vérité de la liberté* qui implique la reconnaissance objective de la *liberté de conscience* correctement comprise.

D'autre part cependant – et c'est là l'autre pôle de la dialectique entre christianisme et modernité – il convient de mettre en évidence que si la modernité européenne a pu, en un certain sens, *contraindre* le sujet chrétien à cette plus grande authenticité, elle l'a fait vraiment grâce au noyau essentiel et vital en permanence de la foi chrétienne. Noyau qui, transmis – de Jérusalem à Rome – par la tradition chrétienne ininterrompue, continue à représenter une ressource décisive pour l'Europe d'aujourd'hui (et pas seulement pour elle). Je me réfère au principe de la *différence dans l'unité* qui vit dans le mystère de la trinité et passe, en vertu de l'incarnation, mort et résurrection de Jésus-Christ, dans l'histoire pour devenir, selon la loi de l'analogie, principe de compréhension et de valorisation de toute différence. Celle-ci, tant au niveau personnel que communautaire, n'est pas seulement tolérée, mais exaltée, parce que maintenue en unité par cette vérité – qui est événement avant d'être doctrine et éthique (cf. *Deus Caritas est*, n.1) – qui arrive jusqu'à l'extrême Thulé de l'expérience humaine, empêchant que la différence, même la plus radicale, dégénère en facteur de dissolution plus ou moins violente.

C'est dans ce cadre qu'ont pu se développer en Occident la pratique et la théorie de la démocratie, comprise comme coexistence libre et ordonnée de citoyens, corps intermédiaires et peuples qui donnent vie à une société civile servie par l'État comme il convient.

La religion exclue de la sphère publique

Et pourtant nous ne pouvons oublier une donnée qui, historiquement, est née en Europe du rapport dialectique modernité-christianisme. L'issue précieuse de cette dialectique – la vérité de la liberté de conscience et donc l'adéquate distinction entre foi religieuse et action politique – a été payée au prix de l'*exclusion de la religion de la sphère publique* de la société civile. De Certeau, en historien averti, écrit qu'avec la modernité "la religion commence à être perçue de l'extérieur. Elle est classée dans la catégorie de la coutume, ou dans celle des contingences historiques. A ce titre, elle s'oppose à la raison ou à la nature" (*La scrittura della storia*, Rome. Il pensiero scientifico, 1977, pp. 162-163).

C'est à partir du XVIème siècle que les diverses *figures substitutives* du précédent rapport entre religion et politique commencent à se dessiner: la tentative de ramener à une des confessions religieuses toutes les rivales (intégrisme, fondamentalisme); celle de remonter à une supposée religion naturelle universelle, la plus fondamentale des religions historiques (naturalisme de la philosophie des lumières); celle d'attribuer à la "politique" le même rôle catalyseur de citoyens, corps intermédiaires, société civile et nations, précédemment joué par la religion (totalitarisme) et, enfin, celle d'épouser l'attitude de la "morale provisoire", c'est-à-dire le scepticisme (libéralisme agnostique).

Le résultat historique de ce processus fondamental est double. D'une part l'*utilisation politique de la religion*, soit dans le sens autoritaire (religion d'État), soit dans le sens libéral (religion comme facteur d'utilité sociale). Et de l'autre la *réduction de la religion à un fait privé*, sans importance ni licéité publique. Il faut reconnaître que ce que la modernité n'a pas su ou n'a pas réussi à penser c'est l'*importance publique* de la religion maintenue dans sa pleine identité.

"Etsi Deus non daretur?"

En venant trop rapidement à la situation actuelle, l'explosion de la civilisation des réseaux sociaux a changé la nature de la participation politique et a porté un coup mortel aux corps intermédiaires. En Europe s'est répandue l'opinion que dans une société démocratique et plurielle on peut établir un rapport correct entre droits fondamentaux du sujet et État, à la seule condition de ne pas introduire dans cette relation d'autres éléments de référence ni de médiation. La religion, dans ce contexte, serait de trop, tolérable seulement si réduite à un fait privé ne concernant que l'individu.

C'est la phase actuelle du processus de mondialisation qui, aux dires de Pierpaolo Donati, "prône une solution de neutralité culturelle: pour la démocratie occidentale actuelle toutes les religions sont égales (in-différence). La sphère publique est déclarée neutre à l'égard des religions (…). Aux diverses religions on demande et on impose de considérer leur universalisme comme un fait privé (au maximum) interne à leur domaine d'influence". (*Pensare la società civile come sfera pubblica religiosamente qualificata*, C. Vigna, S. Zamagni (édité par), Multiculturalismo e identità, Milano, Vita e Pensiero, 2002, pp. 55-56).

Célèbre, à ce propos, est l'affirmation de Kelsen, selon laquelle "l'appréciation de la science rationnelle et la tendance à la tenir libre de toute intrusion métaphysique ou religieuse sont des traits caractéristiques de la démocratie moderne." (*La democrazia*, Bologna, il Mulino, 1998, p. 246).

Avec des modalités très diverses entre elles, en France, en Italie et en Espagne, pays où le débat sur la laïcité est très animé, on soutient normalement que l'État contemporain doit être laïque et neutre. Mais il convient que cette formulation soit bien interprétée. Dans les lectures les plus enflammées, en effet, l'adjectif "laïque" ne signifie pas seulement a-religieux, mais sonne parfois comme un synonyme d'"antireligieux".

Aux dires des spécialistes, aux États-Unis, existe aussi – même si elle n'est pas prévalente – une conception qui généralement donne droit de cité aux motivations religieuses de chacun. Déjà les pères fondateurs avaient voulu en quelque sorte un "État laïque sans laïcisme d'État". La sphère politique est clairement séparée de la sphère religieuse, mais elle est disposée à dialoguer avec elle parce qu'elle est bien consciente qu'aucun gouvernent ne put jamais produire des citoyens moraux, mais au contraire que ce sont des citoyens moraux qui sont souvent poussés par les religions à favoriser la démocratie. Aujourd'hui les *evangelicals*, chrétiens, méthodistes, baptistes, pentecôtistes – en forte expansion à partir des États-Unis en Amérique latine (Brésil), en Asie, en Afrique, ils réussissent à faire des prosélytes jusque dans des territoires à prédominance musulmane – tressent en profondeur leur foi avec la culture américaine. Quelle que soit la lecture que l'on veuille faire de ces mouvements religieux, que toutefois il convient de ne pas sous-évaluer, ils me semblent confirmer l'affirmation de Carl Anderson qui disait :

“il y a en somme une importante leçon à tirer de l’expérience américaine au sujet de la diversité religieuse dans une structure politique et sociale démocratique: le fondement religieux de la culture est suffisamment ample pour accueillir ceux qui tentent de vivre selon une des trois grandes traditions de foi qui se fondent sur Abraham, préservant la liberté individuelle de croire et de pratiquer.” (*Religione e politica nello spirito americano*, “oasis”, 1, 2, 2005, p. 96).

La thèse de Kelsen est aujourd’hui soumise à critique non seulement par ceux qui, comme le juif américain David Novak, soutiennent que “les personnes religieuses sont capables de constituer la laïcité en la puisant dans leurs traditions fondées sur la révélation” (*La legge mosaica e il diritto naturale*, – Daimon 4/041, p. 213-224, ici p. 222), mais aussi par ceux qui en Europe prônent la nécessité de réformer les démocraties plurielles. Il suffit de citer des spécialistes comme Böckenförde et Habermas, qui, de manière diverse, affirment que bien entendu l’État moderne ne peut avoir sa genèse que dans un consensus sur les procédures, mais en même temps ils n’excluent pas que l’État libéral et sécularisé se nourrit de prémisses normatives qu’il ne peut générer tout seul.

Obliger les croyants à se comporter *etsi Deus non daretur* et, pour autant, ne pas mentionner la correspondance entre la rationalité et l’origine finalement divine d’une prescription (norme), n’est-ce pas un prix trop élevé pour vivre en société? Surtout, sommes-nous sûrs que cela n’enlève pas quelque chose de positif à la société? Aussi n’est il pas possible d’exclure, au moins en principe, que la motivation religieuse peut avoir son importance dans le secteur public.

En particulier pouvons-nous nous demander: le principe, chrétien à la racine, de la *différence dans l'unité*, peut-il assurer aussi à l'avenir de l'Europe, et pas seulement de l'Europe, une véritable démocratie? Une démocratie capable non seulement de résister à la rapide transformation interculturelle et interreligieuse, mais aussi de faire de ce nouvel aspect de la planète une ressource de civilisation? Je pense que oui. Et ma conviction n'a rien de nostalgique et n'implique absolument pas la restauration de modèles de "christianisme" irrémédiablement périmés.

A ce propos je voudrais me limiter à quelques brèves considérations. Je commencerai par dire qu'une telle vision de la dimension religieuse de la vie civile constitue, entre autres, un remède à l'insuffisance du modèle libéral de la privatisation de la religion.

La démocratie, en effet, a besoin avant tout d'un capital social de confiance et d'un cadre d'idéaux partagés, sans lesquels elle dégénère en pure administration conflictuelle d'intérêts opposés. Von Kutschera l'a bien vu quand il reconnaît que même l'éthique, dont le problème central est la médiation entre intérêt et exigences morales, ne peut toute seule mouvoir le désir et l'intérêt de l'homme. Plus d'anthropologie est nécessaire à l'éthique. Cela est d'autant plus vrai en présence de processus de mondialisation du marché et de la finance. Qu'aujourd'hui il n'y ait pas d'autre modèle de démocratie que le modèle procédural non seulement n'exclut pas mais conforte la théorie de Böckenförde: la démocratie a besoin d'un *background* civil.

En second lieu, c'est désormais un fait bien établi qu'exclure la religion de la sphère sociale n'est pas acceptable pour ces cultures non européennes où la religion est essentiellement un fait public. En ce sens, ce qui rend obsolètes les solutions modernes du rapport religion – politique, c'est justement l'émergence historique d'un tel processus violent – je souligne le terme "processus" – de *métissage de civilisation et cultures*. L'expression, qui est sortie timidement il y a vingt ans du monde des sciences anthropologiques et qui est encore perçue avec appréhension et défiance par bon nombre de gens, intègre le mieux, à mon avis, les catégories d'identité et d'intégration.

Une sphère publique religieusement qualifiée

Quel pourrait être alors le nouveau profil public que l'actuel moment historique demande aux religions, au moins en Occident? Avant tout il me paraît souhaitable d'affirmer la nécessité d'une *sphère plurielle et religieusement qualifiée* où les religions jouent un rôle de sujet public, bien séparé de l'institution étatique et bien distinct à l'intérieur de la société civile.

Cela exige que le pouvoir public, à l'égard des religions, passe d'une attitude de tolérance passive à une attitude d'"ouverture active", qui ne réduise pas l'importance publique de la religion aux espaces concordataires avec l'État. Du côté des religions il est nécessaire d'abandonner des auto-interprétations de type privé ou fondamentaliste pour créer le terrain d'un échange direct avec les autres religions et les autres cultures; un espace de dialogue où les religions peuvent jouer leur rôle dans le discours public sur les valeurs de civilisation et exprimer leur jugement historique.

En synthèse:

“la sphère publique religieusement qualifiée est celle qui se donne à l’intérieur d’une société civile définie comme le terrain de rencontre entre sujets qui entrent en échanges sociaux (de marché et d’intégration sociale) non privés de leurs appartenances religieuses, mais au contraire qualifiés par ces appartenances et qui interagissent entre eux en valorisant ces appartenances, dans le contexte d’une démocratie politique qui règle la coprésence entre religions diverses par le truchement de ces sphères d’échange. (La sphère publique religieusement qualifiée) est le lieu de la relation civile élaborée par les religions au moment où elles agissent hors d’elles-mêmes, grâce à l’influence qu’elles ont sur les acteurs sociaux”. (Donati, *Pensare la società*, cit., p. 92).

Une telle proposition respecte le fait que la liberté se révèle toujours plus comme un phénomène relationnel tout à fait en accord avec la nature typique du rapport biunivoque entre vérité et liberté qui, à partir de la modernité, continue à faire l’objet d’approfondissements dans les diverses cultures européennes.

Religions et vie bonne

Il s’agit donc de penser en termes plus rigoureux la physionomie d’un État capable de faire place sous une forme appropriée à une société civile véritablement plurielle. Un État qui ne craigne pas les inévitables aspects conflictuels d’une telle société, mais qui sache les régler positivement. Je pense à un État non “détaché” (faussement

neutre) qui, bien que n'assumant pas une vision spécifique (*Weltauschauung*), soit ouvertement au service de la personne et des exigences récentes qui la constituent (désir de liberté et bonheur, d'accomplissement), et qui fasse siennes – dans le respect de rigoureuses procédures démocratiques – les valeurs fondamentales de la coexistence démocratique (libertés civiles et politiques) générée par des corps intermédiaires. Sans ignorer ni craindre cette donnée historique selon laquelle les valeurs se rapportent toujours à des traditions particulières que les institutions contribuent certes à modeler, mais dont elles ne parviennent de fait jamais à se détacher.
Je parle à ce propos de "tradition prédominante", avec des intentions analogues à celles pour lesquelles Habermas parle d'"opinion meilleure". De même que par le simple fait de prôner une considération authentiquement formelle et procédurale de la démocratie on ne tombe pas nécessairement dans une position "relativiste"; de même on n'aboutit pas automatiquement au "fondamentalisme" par le fait d'estimer que cette considération procédurale dotée d'une consistance autonome doive être comprise d'un point de vue axiologique. Je parle exprès d'"axiologie" et non de "fondements" d'un démocratie procédurale. Cela permet de faire référence à un niveau "pré-politique" même de nature religieuse très utile à l'actualisation des droits de l'homme et, en même temps, au bon fonctionnement des démocraties.
Les droits fondamentaux, s'ils sont considérés en fonction de tout leur bagage d'exigences constitutives de l'expérience élémentaire de chaque personne, et les valeurs de la coexistence démocratique inévitablement adaptées à l'histoire particulière d'un peuple, représentent les grandes lignes positives d'une société

authentiquement laïque. L'institution étatique y a aussi le devoir d'ordonner (et faire fructifier) la coexistence d'identités et de religions diverses. Non pas un État compris comme un récipient vide et anonyme à remplir selon son gré (option faible et en fait irréalisable), mais comme un espace, évidemment non confessionnel, où chacun peut apporter sa propre contribution à l'édification du bien commun. Et cela ne peut qu'advenir dans l'inévitable et respectueuse logique de la confrontation et de la reconnaissance, la seule qui sauve la vraie nature du pouvoir qui est et doit rester un service, même quand il doit faire recours, comme disait Kant, à la "force pour garantir le droit". Ce n'est pas un hasard si la seule option pour éviter les dangers opposés de l'individualisme exaspéré et du collectivisme oppressif prend en compte de manière adéquate la nature "relationnelle" du pouvoir. Aucun de nous en effet ne peut se concevoir en dehors d'un pouvoir: "l'individu" n'existe jamais comme atome séparé, autosuffisant et donc opposé, mais toujours aussi comme "altérité différente". Chacun est à la fois "lui-même" (identité) et "autre" pour "quelqu'un d'autre" (différence).

Concrètement, comme l'a bien expliqué Ricœur, cette relation s'exprime dans le processus de *confrontation dialogique* et de *reconnaissance* (sans méconnaissance) d'où découle toute saine coexistence et sur lequel se fonde tout pouvoir légitime.

Le lien entre identité et différence, dans la dynamique de la confrontation et de la reconnaissance, est donc indépassable, en plus d'être un facteur fécond de démocratie. Dans cette optique le rapport entre religions et politique demande seulement que soit respectée toute la nature de *concret universel* propre aux religions. Elle n'est pas moins décisive que l'universalité propre aux droits fondamentaux trop souvent abstraite pour leur réduction à une simple rubrique de règles historiquement peu contextualisées. A une saine démocratie ne suffit donc pas une religion civile, pas plus que ne lui est de quelque utilité une religion purement privée. Ce dont elle a besoin c'est une reconnaissance totale des fois personnelles inséparables d'appartenances communautaires (religions) capables aussi d'une subjectivité publique visant à offrir à tous, sans privilèges, dans le champ libre de la confrontation démocratique, laïque, publique et plurielle, des propositions de bonne vie à la fois personnelle et sociale.

4

L'IDENTITÉ DIALOGIQUE DE L'EUROPE

Dialogue "échange avec le réel insaisissable"

Je connais trois sortes de dialogue: l'authentique – peu importe s'il est parlé ou silencieux – où chacun des participants entend l'autre et les autres dans leur existence et particularité et s'adresse à eux avec l'intention de faire naître entre eux une vivante réciprocité; le technique, proposé seulement par besoin de l'entente objective; et le monologue déguisé en dialogue où deux hommes ou plus, d'une façon étrangement compliquée et indirecte, ne parlent qu'avec eux- mêmes et toutefois se croient soustraits à la peine de ne devoir compter que sur eux-mêmes (M. Buber, *Il principio dialogico e altri saggi*, Cinisello Balsamo, San Paolo, 1993, p. 205).

Cette citation de Martin Buber garde encore aujourd'hui toute sa perspicacité. Après l'ivresse pour le dialogue qui a caractérisé la laborieuse phase finale du déclin des idéologies totalitaires du XXème siècle, nous avons assisté, au cours de ces dernières années, sinon vraiment à l'éclipse, du moins à une sensible perte de poids de cette dimension de la vie interpersonnelle, sociale et civile. Et le motif peut sans doute en être attribué, avec Buber, à la prédominance du dialogue technique, marqué non fortuitement par la pensée calculatrice, où le sujet – c'est-à-dire l'acteur indispensable du dialogue – est tout d'abord mis entre parenthèses avant d'être déclaré disparu.

Buber insiste en précisant que le dialogue authentique est un "échange profond avec le réel insaisissable" (*ibid.*, p. 206). Cette expression forte qui précise en même temps la valeur et la limite objective du dialogue a le mérite de mettre en évidence un élément qui certainement concerne aussi l'émergence interculturelle et multiethnique de nos société européennes.

Je me réfère au principe dynamique de l'évolution de chaque civilisation qui consiste en la *traditio* (j'utilise l'expression latine pour débarrasser, dans la mesure du possible, le sujet de la banale réduction du terme à une simple somme de traditions, rites et coutumes sociales) et se réalise dans son double mouvement – du recevoir et du transmettre – qui implique l'intégration du nouveau. La prédominance du *dialogue technique*, qui entraîne la prévalence du monologue comme modalité de rapport entre les hommes, révèle avant tout une crise de la capacité de *traditio* qui, comme l'affirme Blondel, n'est pas une pure transmission d'un système de concepts et de doctrines, mais est avant tout un lieu de pratique et d'expérience.

La “secondarité romano-chrétienne”

Je hasarde une thèse. Aujourd’hui l’Europe risque d’oublier son *Génie* jailli de la *romanisation* caractéristique des premiers siècles de notre ère. Je cherche à m’expliquer. Rémi Brague soutient que le caractère fondamental de l’attitude romaine, d’où est née l’Europe, est la *secondarité*. C’est-à-dire la capacité de garder, assimiler et transmettre, en le faisant évoluer dans la rencontre avec le nouveau, ce qui, bien que reçu et non produit directement, était considéré comme primaire: la synthèse hellénistique entre *Athènes et Jérusalem*. L’attitude décrite avec perspicacité par Brague, née avec la romanité, aurait ensuite reçu une nouvelle et plus profonde impulsion par la rencontre avec le christianisme. Capable aussi de secondarité, à partir de sa nature hébraïque, il aurait contribué à profiler l’identité que nous pouvons qualifier d’européenne. En effet:

> “avoir élevé la secondarité culturelle au niveau du rapport à l’absolu est le fait de la religion qui a décisivement marqué l’Europe, à savoir le christianisme. Celui-ci se sait en effet second par rapport à l’ancienne alliance [...] la secondarité religieuse interdit à toute culture héritière du christianisme, comme c’est le cas de l’Europe, de se considérer elle-même comme sa propre source”. (R. Brague, *Il futuro dell’occidente*, Milano, rusconi, 1998, pp. 118-119).

Dans cette optique, l’identité européenne apparaît comme intrinsèquement *dialogique*. L’européen est celui qui est capable de charger sur ses épaules ce qui lui est transmis pour aller avec un zèle indomptable à la rencontre du monde. Eh bien, aujourd’hui les peuples

européens ont du mal à reproposer l'un des traits de leur expérience constitutive, celui qui est symbolisé par Enée, le héros de Virgile: possibilité de "faire l'expérience de l'ancien comme nouveau et comme ce qui se renouvelle par sa transplantation dans un nouveau sol, transplantation qui fait de ce qui était ancien le principe de nouveaux développements."(*ibid*, p. 43). Cette paralysie de la *traditio* rend problématique le dialogue en tant que tel. La difficulté objective d'intégrer des hommes d'autres races, cultures et religions en constitue la traumatique confirmation.
La thèse du caractère dialogique intrinsèque de l'identité européenne ne pourra démontrer sa plausibilité que si l'Europe se révèle encore capable de secondarité, c'est-à-dire de dialogue avec l'actuel, imprévisible réel marqué par de précises déterminations historiques, telle, entre autres, l'immigration multiethnique, interculturelle et interreligieuse.

Europe et christianisme

En quel sens le christianisme a-t-il rendu vrai le principe de la secondarité propre à la tradition romaine? Commençons par dire que cette certitude est le fruit de la nature du noyau essentiel et perpétuellement vital du christianisme. Un noyau qui naît à Jérusalem et qui, arrivé à Rome, bénéficie de tout l'héritage de la Grèce classique, *Graecia capta ferum victorem cepit* (Horace). Saint Paul invente des expressions bien frappées pour décrire le noyau essentiel du fait (avènement) chrétien:

“Je vous ai donc transmis en premier lieu ce que j’avais moi-même reçu, à savoir que le Christ est mort pour nos péchés selon les Ecritures, qu’il a été mis au tombeau, qu’il est ressuscité le troisième jour selon les Ecritures, qu’il est apparu à Céphas, puis aux douze. Ensuite, il est apparu à plus de cinq cents frères à la fois – la plupart d’entre eux demeurent jusqu’à présent et quelques-uns se sont endormis – ensuite il est apparu à Jacques, puis à tous les apôtres. Et, en tout dernier lieu, il m’est apparu à moi aussi, comme à l’avorton.” (1 *Cor* 15, 3-8).

Et nous savons que cet “avorton” est un juif de Tarse qui a respiré l’hellénisme et écrit en grec de la *koinè*.

À la racine du fait chrétien se trouve l’événement de la vérité transcendante (le *Deus Trinitas*) qui, de manière entièrement gratuite, décide de se communiquer à l’homme. Avec l’incarnation le Dieu Un et Trine se propose, dans toute son absoluité, à la liberté toujours historiquement située de l’homme, sans craindre de passer par l’humain lui-même. C’est de ce don qu’a jailli cette singulière vision du rapport vérité-liberté qui est l’emblème distinctif de la civilisation occidentale. En quoi consiste-t-elle?

Dans la perspective judéo-chrétienne la vérité est une vérité vivante et personnelle. Ce n’est pas une idée ni le pur fruit d’une recherche théorique. En outre, dans la personne et dans le fait historique du Fils de Dieu fait homme, mort et ressuscité pour nous, on voit comment Jésus-Christ, vérité vivante et personnelle sans rien perdre de son absoluité, a choisi la route de la liberté humaine pour se rendre présent dans l’histoire. Plus la vérité se propose et plus la liberté est provoquée. En s’offrant “vertigineusement” à la liberté, la vérité en arrive même à se faire crucifier par elle. Et Sa victoire dans la résurrection est une victoire glorieuse, chèrement payée, justement pour sauvegarder la liberté humaine.

Avec Jésus-Christ et avec le christianisme – comme nous l'avons dit – le principe de la *différence dans l'unité* entre dans l'histoire. N'est ce pas peut être dans le nœud d'un tel rapport entre vérité et liberté que, malgré toutes les erreurs et les contradictions, est née dans l'histoire de l'Occident la nécessaire et bénéfique distinction entre société civile et dimension religieuse?

Le principe de la *différence dans l'unité*, que nous pouvons considérer comme la racine théorique de ce que Brague a appelé la *secondarité romano-chrétienne*, est en mesure d'assurer au futur de l'Europe une démocratie substantielle, capable non seulement de tenir l'actuel défi interculturel et interreligieux mais aussi de transformer le nouveau visage du continent qui est en train de se former dans une forge de civilisation universelle. C'est la raison pour laquelle le fait de n'avoir pas voulu faire référence, dans le texte de la *Charte des Droits Fondamentaux*, à l'héritage religieux de l'Europe, apparaît comme un choix myope. Cette évaluation, loin d'être dictée par un désir nostalgique de revenir à l'ancien régime, naît de l'urgence de chercher une nouvelle expression juridico- constitutionnelle de ce rapport vérité-liberté qui seul peut garantir la liberté de conscience et par conséquent la coexistence civile. Mais, à mon avis, le choix consistant à insérer dans le texte de la *Charte* une référence au christianisme ne serait pas seulement dicté par une élémentaire loyauté envers l'histoire de l'Europe. Même s'il n'y avait pas de racines chrétiennes dans la culture de l'Europe – ce qui est manifestement très difficile à soutenir – la convention devrait enregistrer une référence au christianisme et à la dimension religieuse pour le bien futur de l'Europe. Et cela justement en vertu du principe de la différence dans l'unité que le rapport vérité-liberté, caractéristique de la foi chrétienne, peut mettre à la disposition de la société civile en lui consentant de rencontrer – en pleine autonomie de toute religion, mais en acceptant dans un "dialogue structuré" avec l'État le rôle de sujet social d'Églises et communautés religieuses – des principes équitables pour affronter la pluralité des ethnies, les rapports interculturels et interreligieux en Europe.

Peut-être quelques semences ont germé, à l'œuvre dans de nombreuses communautés, pas seulement chrétiennes, généreusement ouvertes au besoin de ceux qui arrivent, par n'importe quel moyen, sur le territoire national. Tout cela implique un grand travail et n'est pas sans contradictions ni risques, inexorablement liés à la logique testimoniale de la charité. Risques d'utopies qui aggravent la fermeture rigide de la grossière idéologie pratique caractéristique de l'égotisme.

Les frontières du dialogue

Il est maintenant nécessaire de s'interroger sur la modalité concrète avec laquelle le principe de la différence dans l'unité – expression suprême du dialogue qui a fait l'Europe, par l'intermédiaire de la secondarité romano-chrétienne, en la rendant capable d'une *traditio* innovatrice – peut être concrètement vécu et pratiqué dans nos sociétés actuelles. Quelles sont donc les frontières du dialogue?

Emmanuel Lévinas soutient que "l'*autre*, l'*unique* ne supporte pas le jugement, il me précède immédiatement, je lui dois obéissance". C'est là qu'est posée la nature singulière du rapport dialogique je-tu. Mais le célèbre philosophe poursuit:

" Il faut jugement et justice, dès qu'apparaît le tiers. Au nom même des devoirs absolus à l'égard du prochain, il faut un certain abandon de l'allégeance absolue qu'il appelle. Voici le problème d'un ordre nouveau pour lequel il faut des institutions et une politique, toute l'armature de l'État. " (E. Lévinas, *Entre nous. Essais sur le penser-à-l'autre*, Paris, 1991, p. 238).

La prégnance absolue de l'*autre* finirait par dissoudre aussi bien le *je* que le *tu* si elle ne reconnaissait pas le poids constitutif du *troisième* et, avec lui pour lui, de la politique, des institutions et de l'État. Le dialogue et par conséquent la réflexion sur ses limites ne peut être réduit à une réalité à deux. Le *troisième*, pareillement co-originaire, met en jeu la nécessité d'*ordonner* ces *absolus* qui sont représentés par les particuliers toujours différents.

En effet le *troisième* apparaît toujours et entre les trois (la société) il est nécessaire que s'établisse un ordre pour empêcher que la possible absoluité de la gratuité dans le rapport je-tu ne devienne une injustice à l'égard du troisième: "Le *moi*, affirme toujours Lévinas, précisément en tant que responsable envers l'autre et le tiers, ne peut rester indifférent à leurs interactions et, dans la charité pour l'un, ne peut se dégager de son amour pour l'autre.[...] Voici l'heure de la justice inévitable qu'exige pourtant la charité elle-même" (*ibid.*, p. 259).

Il est important de souligner à nouveau que l'apparition du *troisième* est une donnée constitutive de l'expérience humaine. Il suffit de penser au rapport de l'enfant avec son père relativement au rapport avec la mère. C'est le père qui pose originairement la question du *troisième*. La liberté de l'enfant, qui rencontre dans le rapport avec sa mère la première identification, est conduite douloureusement par la présence du père à cet échange salutaire avec le réel (*dià-logos*) qui lui évite la fermeture autistique. Dès ce niveau élémentaire la présence du *troisième* introduit, pour ainsi dire, au principe de réalité.

La relation familiale (père, mère, enfant) représente *in nuce* l'avènement de la *communitas*, c'est-à-dire de la société. Celle-ci s'impose au *je* et au *tu* avant tout à travers les corps intermédiaires (de la famille à l'école, en passant par tous les genres d'associations). C'est en eux que se réalise la société civile au service de laquelle on doit toujours concevoir l'État.

Pour ce qui concerne le dialogue – et encore plus le dialogue interculturel et multiethnique –, la vie des corps intermédiaires est décisive. C'est à ce niveau qu'advient ou n'advient pas l'intégration. En effet l'école, les lieux de travail, les quartiers et plus généralement toutes les formes associatives, les environnements éducatifs par excellence, peuvent favoriser cet échange social qui renouvelle en permanence une société civile authentiquement démocratique.

L'intégration se joue au niveau de la société civile dans l'obédience aux principes de subsidiarité et de solidarité qui permettent la reconnaissance effective de la dignité intrinsèque de chaque homme. Ce patient travail éducatif doit être accompagné, dans le respect le plus absolu, par l'État. C'est à l'État démocratique qu'il appartient de garantir le contexte d'ordre, de paix et de bien-être nécessaire pour que la logique du témoignage puisse être concrètement réalisée par les particuliers et par les corps intermédiaires. L'autorité constituée devra être extrêmement attentive, à ce propos, à la sauvegarde de la prégnance de la *traditio* innovative, en tant que facteur dynamique d'édification de civilisation. Dans le plus grand respect de l'histoire, de la culture et des coutumes du peuple qu'elle représente, l'autorité étatique, aux divers niveaux, ne prétendra pas imposer de façon mécanique une idée abstraite d'intégration. Par exemple, elle ne placera pas, d'un point de vue pratique, sur le même plan l'actuation des droits de culte revendiquée par 98% d'une population (catholique), avec ceux qui cependant sont dus à une minorité de 1% (musulmans).

Pour un dialogue ininterrompu

Le dialogue naît de la conscience de la valeur irréductible de l'*autre* comme facteur qui objectivement me révèle à moi-même, en indiquant à mon désir d'accomplissement la route de l'étrange nécessité d'un sacrifice bénéfique. S'il ne veut pas s'éteindre dans un monologue stérile, le *moi* est appelé à dépasser le critère de la pure réciprocité: les frontières du dialogue interpersonnel ne peuvent être tracées *a priori*. Ce sont celles qui sont mises en place par la concrète auto-exposition de chacun.

Dans la vie articulée de la société civile les limites ou les frontières du dialogue sont nécessairement imposées par la présence du *troisième* qui dévoile le *principe-justice* sans lequel fait défaut le *principe de réalité*. Le critère-guide, dans ce domaine, est celui de l'intégration qui est éducation réciproque. Mais à ce niveau aussi la réciprocité souhaitable (l'intégration est éducation *réciproque*) est exaltée par la gratuité.

La nécessité d'équilibrer l'urgence du don total de soi – auquel le *moi* est continuellement incité par l'absoluité du *tu* – avec la présence du troisième (c'est-à-dire de conjuguer charité avec justice), doit être garantie par le cadre tracé par un État capable d'édifier ce que Jean XXIII, dans *Pacem in Terris,* appelait l'*ordre de la paix*, dont les coordonnées sont vérité, justice, amour, liberté (*Pacem in terris*, p. 20). Au niveau étatique le critère de la réciprocité assume alors un poids important. Toutefois ce critère ne pourra être exercé qu'en vertu de la prudence politique. Ici réapparaît la vertu du témoignage demandé, comme il se doit, à celui qui revêt l'autorité. La réciprocité, en effet, toujours souhaitable au niveau des relations politiques entre les États, pourrait, pour le bien des personnes et des corps intermédiaires, ne pas être exigée dans tous les cas et à tout prix. Par exemple – à mon humble avis – les institutions étatiques italiennes ne doivent pas refuser un lieu de culte à des fidèles musulmans provenant d'un État qui ne permet pas aux chrétiens de construire une église, en invoquant le principe de réciprocité. Ceci impose cependant aux mêmes autorités le devoir d'insister jusqu'à l'actuation du même droit pour les chrétiens qui vivent dans ce pays à majorité musulmane.

5

Métissage de cultures et civilisations

Lectures insuffisantes

Plus de cinq années se sont écoulées depuis la tragédie du 11 septembre, qui a imposé, comme ne pouvant plus être différée, à toute l'opinion publique mondiale – et non plus seulement au cercle restreint de responsables politiques, d'intellectuels et d'opérateurs économico- financiers la question des rapports interculturels et interreligieux dans le cadre complexe des sociétés modernes et des États marqués par la mondialisation et par la civilisation des réseaux sociaux. Les tragiques événements de terrorisme et de guerre qui se sont succédé ces derrières années et le scénario, très préoccupant, qui est devant nos yeux, ont donné, entre autres, naissance à la prolifération de réflexions et d'études à caractère scientifique et vulgarisateur. Il ne me semble pas toutefois constater des évolutions significatives dans le conflit d'interprétations qui règne aujourd'hui. Un conflit qui se décline avant tout à travers un double schéma de lecture inadapté, qui oscille entre le dialogue tolérant mais excessivement identitaire, qui au final conduit à une position de défense et à la longue considère le conflit comme inévitable, et l'intégration générale et bienveillante, avec une naïveté qui de nos jours ne peut plus être considérée comme innocente.

Ces deux positions, il faut le reconnaître, tirent leur origine d'un préjugé que nous devons démystifier. Elles partent, en effet, d'une position intellectuelle *a priori* pour lire la réalité : dans le cas de la défense identitaire, il s'agit d'une vérité abstraite à appliquer ou dans les tentatives ingénues d'intégration, d'une certaine "indifférence" culturelle. En ce sens les deux convictions ne se laissent, pour ainsi dire, pas "éduquer" par la réalité elle-même. Elles ne se laissent pas conduire par elle à la découverte de la vérité, comme il advient dans le *ici* et *maintenant* de l'histoire. Même quand elles vont jusqu'à examiner des situations historiques concrètes, celles-ci sont considérées comme des "cas" ou des "données positives" pour étayer, en fait, ce qui relève d'un parti pris. Sous cet aspect je considère ces deux positions encore filles de la modernité. Incapables de reconnaître la césure qui s'est vérifiée en 1989 (la date est, évidemment, comme toute date, conventionnelle) et d'où a commencé de se dessiner une nouvelle physionomie de l'époque contemporaine. Je ne pose pas maintenant la délicate question de savoir si cette nouvelle phase peut ou non être définie comme le post-moderne. Sûrement l'écroulement des utopies (je dis bien "utopies" et non "idéologies") a produit le dépassement de la *crise* moderne (et donc a montré l'inadéquation des catégories normalement utilisées pour la comprendre, première entre toutes, l'insaisissable "sécularisation") pour faire place au *travail* de la post-modernité.

Il est pourtant décisif pour notre démonstration de mentionner au moins la fin sans équivoque d'une conception de l'histoire comme réalisation progressive d'une idée absolue qui a marqué les tragiques idéologies du siècle court. Tout en reconnaissant que la fin de l'histoire ainsi entendue advient paradoxalement au moment où mondialisation, civilisation des réseaux sociaux, pouvoir de créer et de détruire l'être humain sont en train de produire un processus inexorable d'unification de la planète tout à fait inédit.

Un processus en cours

Dans ce cadre je voudrais proposer une hypothèse de travail pour lire le délicat moment historique dont nous sommes les protagonistes. Il s'agit justement d'une hypothèse que je propose à la discussion libre et critique de la part de tous. Je me réfère au thème du *métissage de civilisations*. Je m'empresse toutefois de souligner que cette expression n'entend pas, à son tour, être une catégorie théorique achevée – je serais, en pareil cas, comme le célèbre chat qui se mange la queue – mais veut seulement suggérer une piste qui me semble émerger de l'écoute de la réalité. Je n'entends donc pas proposer une réflexion de philosophie ou de théologie de l'histoire, mais seulement offrir un possible horizon interprétatif des phénomènes complexes, articulés et contradictoires dont nous sommes en même temps les spectateurs et les protagonistes.

En connexion avec le mondialisation, avec ce qu'on appelle la “civilisation des réseaux sociaux” et avec les pouvoirs des biotechnologies nous sommes en train d'assister, au cours des dernières décennies, à un *processus* de *mélange* inédit *entre les peuples*. Non que la rencontre entre peuples représente une nouveauté absolue, au contraire les migrations et mélanges de peuples sont une constante dans l'histoire des hommes. Pensons à ce qu'ont signifié les migrations des peuples germaniques pour l'Empire romain ou l'invasion mongole pour le califat abbasside. Le fait nouveau c'est qu'aujourd'hui le phénomène investit la totalité de la planète et possède, pour les caractères ci-dessus rappelés, une rapidité de progression géométrique. Un aspect important de ce mélange de peuples est constitué par sa nature "bidirectionnelle". Si en effet de nombreux habitants de pays en voie de développement viennent chercher fortune en Europe, en Amérique du nord ou en Australie, il est vrai aussi que chaque année des millions de personnes visitent, pour motifs de travail ou de loisirs, les localités les plus lointaines du globe. Malgré ses évidentes limites, le tourisme a contribué à briser la barrière de l'isolement.

Le *métissage de civilisations* est, avant tout, un *processus en cours* qui, comme tous les processus et les faits historiques, ne demande pas la permission d'arriver. L'expression ne désigne, donc, ni une théorie sur l'intégration culturelle, ni une catégorie globale de compréhension de la réalité. Elle veut simplement enregistrer une situation de fait, qui est devant nous et qui, bon gré mal gré, implique chacun de nous individuellement et socialement, en tant que personnes et comme membres de corps intermédiaires et de sociétés civiles.

Il ne sera pas inutile de répéter que quand je parle de *métissage de civilisations* je l'interprète comme le Larousse qui le définit *production culturelle résultant de l'influence de civilisations en contact*. L'accent est donc placé sur le génitif (à la fois subjectif et

objectif) *de civilisations* pour souligner que dans le mélange d'hommes et de peuples actuellement en cours sur la planète (on ne peut donner ici les chiffres relatifs aux importants phénomènes migratoires et d'échange en cours sur les continents!) se produit un phénomène de rencontre et de compénétration plus ou moins violente de cultures, qui mettent inexorablement en discussion le fait "nation" (il suffit de penser à ce qui est en train de se produire dans l'Union européenne), les relatives certitudes éthiques et demandent de nouvelles formulations juridiques avec la nécessité connexe d'une délimitation inédite de pouvoirs. En outre il n'est pas superflu de noter que la qualification de "civilisation" apposée au terme "métissage" le tient à l'abri de simplistes lectures ethniques et anthropologiques.
L'histoire, plus qu'une succession de faits, est leur entrelacement complexe et leur faculté de donner naissance à, et aussi de dépendre d'une multiplicité de facteurs humains, religieux, sociaux, économiques, culturels et politiques qui suscitent des processus. Et les processus historiques ne doivent pas seulement être jugés, mais peuvent nous tenir comme des acteurs libres et conscients qui cherchent à les orienter. En connaissant avant tout les dynamismes et les causes (c'est la dimension du jugement), pour ensuite tenter d'en découvrir et d'en proposer de possibles développements. On doit intervenir dans les processus de manière critique et libre pour chercher à les orienter vers la vie bonne personnelle et sociale, au moyen d'un bon gouvernement.
C'est pour ces raisons que je prends le risque de proposer la catégorie de *métissage de civilisations* comme celle qui, du moins jusqu'à ce jour, me semble la plus capable de lire et de suggérer des pistes de compréhension et d'accompagnement critique du *processus* – je

souligne le mot *processus*– en cours. Si elle est utilisée avec prudence, cette catégorie trouve non seulement des confirmations historiques, mais me semble, de plus, capable d'éclairer un peu la multiple complexité des phénomènes découlant du mélange inédit et inévitable de peuples, races, cultures et religions qui contraint à redéfinir les rapports entre les États et penser à un nouvel ordre mondial. De plus, nous, hommes de religions, sommes convaincus qu'à la fin tous les peuples font partie d'une unique famille humaine et vivons dans la certitude d'un Dieu qui guide l'histoire.

Utiliser la catégorie de *métissage de civilisations* pour définir le processus en cours dans cette époque tourmentée rend à notre avis plus facile la lecture des faits divers, parfois terrifiants, et permet de mieux affronter des problèmes devenus aujourd'hui particulièrement complexes tels que la paix, la justice, la liberté, les droits, les démocraties.

Évidemment, un phénomène aussi inédit par certains aspects comporte des problèmes immenses et, pour trouver des solutions adéquates, exige une grande capacité créative. Dans le monde occidental le débat tend surtout à se focaliser sur des questions de nature juridique, dans la conviction qu'il est urgent de fournir un cadre législatif solide pour y accueillir les sujets qui sont en train de faire progressivement partie de notre société. En effet cette position met en lumière un aspect important du problème, mais peut cacher – et en fait cache souvent, si elle poursuit les sirènes du nihilisme gai – la tentation stigmatisée par le poète Eliot, de rêver "des systèmes tellement parfaits que plus personne n'aurait besoin d'être bon" (T. S. Eliot, *choeurs de "The Rock"*, p. VI).

S'auto-exposer: la route du témoignage

À mon avis, la route adéquate et possible est celle du témoignage – j'utilise cette catégorie au sens pratique et théorique – auquel aucun homme ne peut se soustraire à cause du risque qu'implique de toute façon la liberté. Il est vain de croire que puisse être épargnée à l'homme l'aventure de la rencontre avec l'autre, parce que chacun de nous naît et grandit en vertu de rapports. Le témoignage met en cause chaque homme et chaque femme, en les invitant à s'exposer, à payer de leur personne, à ne pas décider à l'avance jusqu'où on peut arriver dans la rencontre et dans le dialogue avec l'autre. Aucun homme ne peut se soustraire au *témoignage*, en vertu du risque impliqué par la liberté qui n'est jamais définissable *a priori*. La liberté humaine, en effet, ne peut jamais être "déduite", mais sa pleine signification est donnée seulement dans l'acte qui la génère.

Ce nœud vital, non extrinsèque ni dialectique, entre vérité et liberté permet de considérer avec franchise et espoir le nécessaire dialogue entre les religions. Seule l'auto-exposition testimoniale, c'est-à-dire cette possession de la vérité dans le détachement qui, dans son expression la plus haute, s'appelle martyre, réalise de façon accomplie le dialogue interreligieux.

Le témoignage – qui peut impliquer l'offrande radicale de sa propre vie, mais uniquement comme grâce donnée à ceux qui n'ont pas d'armes – indique la réponse fondamentale que demande tout acte de la liberté humaine. Dans chaque acte de témoignage, la liberté (qui décide irrévocablement de soi) utilise, pour ainsi dire, chaque circonstance et chaque rapport pour manifester sa propre adhésion au fondement. Le témoignage qui jaillit du cœur de chaque homme religieux, comme de l'agnosticisme authentique (et même de l'impossible athéisme théorique), rend hommage à la vérité absolue. Comment? Là où le fondement se sera manifesté, la liberté sera appelée, sous formes personnelles et communautaires, à le reconnaître en payant de sa personne. Le testament de l'abbé de Thibirine, Christian de Chergé s'impose à mon esprit à ce propos:

"S'il m'arrivait un jour - et ça pourrait être aujourd'hui - d'être victime du terrorisme qui semble vouloir englober maintenant tous les étrangers vivant en Algérie, j'aimerais que ma communauté, mon Église, ma famille, se souviennent que ma vie était donnée à Dieu et à ce pays. Qu'ils acceptent que le Maître unique de toute vie ne saurait être étranger à ce départ brutal. [...] J'ai suffisamment vécu pour me savoir complice du mal qui semble, hélas, prévaloir dans le monde, et même de celui-là qui me frapperait aveuglément. J'aimerais, le moment venu, avoir cet instant de lucidité qui me permettrait de solliciter le pardon de Dieu et celui de mes frères en humanité, en même temps que de pardonner de tout coeur à qui m'aurait atteint. Je ne saurais souhaiter une telle mort. Il me paraît important de le professer. Je ne vois pas, en effet, comment je pourrais me réjouir que ce peuple que j'aime soit indistinctement accusé de mon meurtre. [...] Ma mort, évidemment, paraîtra donner raison à ceux qui m'ont rapidement traité de naïf, ou d'idéaliste : «qu'il dise maintenant ce qu'il en pense !» Mais ceux-là doivent savoir que sera enfin libérée ma plus lancinante curiosité. Voici que je pourrai, s'il plaît à Dieu, plonger mon regard dans celui du Père pour contempler avec lui Ses enfants de l'islam tels qu'il les voit, tout illuminés de la gloire du Christ, fruits de Sa passion, investis par le don de l'Esprit dont la joie secrète sera toujours d'établir la communion et de rétablir la ressemblance, en jouant avec les différences".

Le témoignage, phénomène tout à la fois personnel et communautaire, apparaît donc comme l'unique voie convaincante pour parler à l'homme postmoderne. Il se charge en effet de ce qui reste au fond des inquiétudes relativistes et nihilistes dernièrement apparues en lien avec l'athéisme compris comme destin de la modernité. Dans le même temps, il permet cette recherche de l'unité de la famille humaine aujourd'hui si nécessaire.

Le terme "témoignage" risque de poser tout de suite un problème. parce que – dit-on – le témoignage implique une identité et parce que l'affirmation de sa propre identité est vue généralement en opposition à la rencontre avec l'autre, on devrait conclure qu'une position exclut l'autre: ou il y a rencontre ou il y a témoignage. Je crois qu'il s'agit d'un insidieux *aut aut* culturel, sur lequel il vaut la peine de s'arrêter brièvement.

S'ils prêtent attention à l'histoire, ceux qui brandissent l'inguérissable opposition entre identité et rencontre trouveront de nombreux démentis. Nous pensons par exemple à la grandiose épopée de la transmission du savoir classique. Qui ne reconnaît l'importance capitale que la relecture des textes grecs revêtit pour le progrès de la civilisation abbasside? Et qui à son tour n'admet pas le rôle important que, dans une Europe qui, grâce à l'oeuvre des moines n'ignorait pas complètement l'héritage classique, joua l'introduction de la réflexion philosophique et scientifique arabe? Je pense que le poète arabe al-Buthurî avait conscience, lui aussi, de cette dialectique entre rencontre et identité, quand, vers la moitié du IXème siècle, après avoir admiré les ruines du palais royal persan à Ctésiphon, il concluait sa célèbre *siniyya* en ces termes: " et ainsi toujours je me verrai admirer toutes ces nobles personnes de toutes races et origines". Arabe et musulman, il se découvrait en train de célébrer un roi persan et zoroastrien. Naturellement l'histoire enregistre aussi les féroces affrontements qui sont nés lorsque l'identité a été entendue de manière exclusive, mais cela, plus que nous décourager, doit nous mettre en garde pour le présent.

En réalité, la possibilité même de la rencontre réside dans l'inexorable recherche de la vérité entendue de manière dynamique, vivante et personnelle de la part du cœur humain, qui sous toute latitude, palpite pour les mêmes désirs en vivant chaque jour d'affections et de travail. S'il n'en était pas ainsi, on ne pourrait justifier le fait que les cultures humaines, même dans leur évidente diversité, soient réciproquement compréhensibles: parfois au terme d'un long chemin vers des langues et des catégories au début très lointaines entre elles, mais toujours mutuellement compréhensibles.

Une précieuse confirmation de cette façon de voir nous est offerte par le pape Benoît XVI dans le discours qu'il a prononcé à l'occasion de l'audience accordée à quelques communautés musulmanes à Cologne, au cours de la Journée mondiale de la Jeunesse le 20 août 2005.

"Chers amis, je suis profondément convaincu que nous devons proclamer, sans céder aux pressions négatives du moment, les valeurs de respect réciproque, de solidarité et de paix. La vie de tout être humain est sacrée, que ce soit pour les chrétiens ou pour les musulmans. Nous avons un grand champ d'action dans lequel nous nous sentons unis pour le service des valeurs morales fondamentales. La dignité de la personne et la défense des droits qui découlent de cette dignité doivent être le but de tout projet social et de tout effort mis en œuvre dans ce sens. Il s'agit d'un message rappelé sans équivoque par la voix ténue mais claire de la conscience. Il s'agit d'un message qu'il faut écouter et faire écouter: si l'écho s'en éteignait dans les cœurs, le monde serait exposé aux ténèbres d'une nouvelle barbarie. C'est uniquement sur la reconnaissance du caractère central de la personne que l'on peut trouver un terrain commun d'entente, dépassant les éventuelles oppositions culturelles et neutralisant la force explosive des idéologies".

Faux témoignage

Tout ce qui a été dit sur le *témoignage* montre immédiatement où se situe l'erreur de tout fondamentalisme. En extrême synthèse on peut affirmer que le fondamentalisme sacrifie toujours la différence et en conséquence, en dernière analyse, brise le binôme vérité-liberté qui, comme nous l'avons vu, est décisif, indépassable dans le christianisme.

Le fondamentalisme – en réduisant, selon un procédé de cohérence autoréférentiel, le témoignage à l'affirmation extrinsèque de doctrines et/ou à une obstination personnelle qui peut arriver jusqu'à exposer sa propre vie et celle d'autrui – finit en réalité par rendre vaine la vérité pour laquelle il s'expose.

Considérons de près le cas du *kamikase* qui se donne volontairement la mort pour la cause à laquelle il croit, tout en donnant la mort à des dizaines de civils innocents sans méfiance. Il accomplit un acte totalement délibéré, qu'il considère comme un acte de martyre, peut-être soutenu par des familiers, des amis, des coreligionnaires et, souvent, par une large base populaire. Quel critère peut permettre de discerner si ce témoignage est vrai ou non ? Un tel critère ne peut pas se trouver dans un processus argumentatif qui préétablisse *a priori* si tout témoignage est vrai ou non. On ne peut pas construire, ni *a priori* ni *a posteriori*, un système abstrait de valeurs, auquel référer, pour les juger ensuite, les différentes formes de témoignage. L'impuissance radicale vécue par tout un chacun devant ce genre d'attentats suicides qui sèment des victimes innocentes exprime bien l'impraticabilité structurelle des voies invoquées.

Faut-il alors se résigner à la fragmentation indéfinie des actes de la liberté testimoniale jusqu'à dissiper la vérité de manière relativiste? Certainement pas. Si le mal est mal dans la relation victime-coupable, dans le cas examiné, qui est la victime et qui est le coupable? Qu'en est- il de leur rapport? Les civils innocents, dont la mort est volontairement cherchée par l'auteur de l'attentat-suicide, sont évidemment les victimes. Ils le seraient aussi s'ils faisaient partie d'un peuple ennemi avec lequel on serait en guerre. Le statut de victime ne pourrait leur être contesté, même pas à partir du caractère fortuit de leur présence sur le lieu plus ou moins soigneusement choisi comme objectif de l'attentat. Au contraire, le fait qu'il n'y a aucun rapport direct entre les victimes et l'auteur de l'attentat, en accentuant le caractère injustifiable d'un tel acte, ne fait que radicaliser le statut de victime des tués. Le fait ensuite que l'auteur de l'attentat sacrifie sa propre vie dans l'action ne lui enlève pas le caractère de coupable de la mort de ces civils innocents. On pourra lui reconnaître éventuellement du courage ou une disposition au sacrifice (d'autres pourraient parler d'intoxication ou de fanatisme), mais cela, en tout cas, radicalise le degré injustifiable du mal qu'il accomplit.

Nous sommes face à une offense qui n'est plus réparable. Doit-on donc y reconnaître l'expression radicale d'un mal injustifiable? La seule réponse possible pour une offense qui n'est plus réparable c'est que la victime partage la faute du coupable. Elle souffre ce que devait souffrir le coupable. Dans ce cas le «je», qui s'est identifié avec le mal, peut s'ouvrir à la justification en raison du témoignage de la victime qui, en un certain sens, enlève au mal son caractère injustifiable. Ainsi, dans le cas d'une offense irréparable, la vérité ou non d'un témoignage a quelque chose à voir avec la souffrance de la victime. Revenant à l'exemple dont nous sommes partis, l'auteur de l'attentat-suicide ne peut pas être un vrai témoin, non seulement pour l'évidente raison que le martyr accepte seulement le sacrifice de sa vie et ne veut pas celui de la vie des autres, mais aussi parce qu'il décide positivement de faire abstraction de la souffrance de la victime, en révélant ainsi un mépris radical pour sa personne dans le sanctuaire constitutif de sa liberté, le seul facteur capable de soustraire le mal à l'abîme de l'injustifiable. En ce sens le fondamentalisme est toujours objectivement porteur de faux témoignage.

6

LES DOULEURS[2] DE LA CULTURE CONTEMPORAINE

Pour explorer la mentalité actuelle sur les problèmes liés à la *res publica*– bien conscient du caractère schématique et même grossier de mon analyse – j'entends me référer à trois facteurs distincts du panorama culturel contemporain : la distinction entre public et privé, la mondialisation scientifique, l'androgynisme culturel.

La distinction entre public et privé

En termes d'action sociale un premier élément s'impose avec une grande force de persuasion. Je parle de la disparition de cette conception adéquate, parce que vraie, de l'action humaine – et donc de la philosophie morale, politique, du droit – par laquelle toute action de tout homme doit tendre harmonieusement à la *vie bonne* de tout

[2] Le mot italien *travaglio* a rarement le sens de : labeur, et désigne habituellement la peine, la souffrance, et spécialement les *douleurs* de l'accouchement.

l'homme et de tout le peuple, sans dualismes ni fausses séparations entre dimension personnelle et dimension sociale de l'action elle-même.

Aujourd'hui, au contraire, nous nous trouvons devant une image de l'action qui sépare le "privé" et le « public », qui oppose morale publique à la morale dite privée, fidèle reflet de la division existante entre liberté personnelle et liberté civile et juridique. Une morale publique, qui est toujours plus formelle et repose exclusivement sur les règles, et de laquelle est bannie, comme l'observe justement MacIntyre, la dimension de la vertu, abandonnée au "privé", au pur arbitre d'un individu pensé comme séparé de la société.

La conséquence est une dialectique mortelle entre la sphère de l'intérêt subjectif et le domaine des exigences morales objectives, créant une opposition artificielle entre désir et obligation, entre vouloir et devoir. Prenons quelques exemples : dans la famille, nous constatons ce dualisme entre le désir de paternité et de maternité d'une part, et l'enfant comme sujet personnel capable d'autonomie socio-juridique de l'autre. L'enfant n'est plus considéré comme un fruit gratuit de l'amour des conjoints, mais comme *un objet* soumis à la volonté souveraine des parents. Que ce soit dans la conscience individuelle ou dans l'imaginaire collectif (comme on le voit dans les législations approuvées par les démocraties dites avancées), l'enfant a perdu son importance. S'il n'est pas désiré, on recourt à l'avortement. Si au contraire, des problèmes existent pour le mettre au monde, tout est permis, pourvu que *soit satisfait* le désir subjectif des parents (il suffit de penser à ce qu'on nomme "procréation médicalement assistée" qui transforme l'enfant en résultat d'un processus de production).

Un second exemple est la dichotomie entre économie et droit. Il n'est pas nécessaire de faire référence au débat, présent dans toutes les sociétés occidentales, sur l'*état de bien être* (*Welfare*) pour reconnaître que le rapport entre les droits et l'économie est en train de traverser aujourd'hui un grave conflit. Le paradoxe est que la réduction toujours plus accentuée des droits de la personne à la sphère de l'individu, qui est la conséquence d'une lecture formaliste (kantienne) de la règle d'or : "ne pas faire à autrui ce que tu ne veux pas qu'on te fasse", peut expliquer ce conflit. Soutenir, en effet, les droits de la personne en désengageant la liberté de conscience (qui se prétend absolue) de sa nécessaire référence à la vérité, finit en fait par favoriser la logique de la réduction de tout bien en termes d'argent et de marché, qui deviennent les clés pour interpréter et satisfaire n'importe quel désir-nécessité de l'homme. Dans ce contexte, les droits fondamentaux finissent par être importants seulement s'ils se réfèrent aux nécessités auxquelles le marché est en mesure de répondre en termes monétaires. En ce sens, le conflit entre économie et droits suppose une ultérieure radicalisation de la dichotomie entre liberté individuelle et liberté civile, reflet à son tour de la séparation entre public et privé.

Du point de vue politique, enfin, nous assistons à la dialectique entre des formes utopiques non évidentes (marquées par l'idéologie) et une sorte d'idéologie pragmatique du marché comme modalité d'affirmation égoïste du *je*, du propre groupe ou *lobby*, de la propre nation, du propre peuple ou de la propre zone d'influence (Nord/Sud). Au contraire l'homme – en tant que sujet rationnel – tend normalement à agir selon des fins et des biens précis, auxquels il s'efforce de proportionner les moyens. L'homme de par lui-même – au-delà de ses limites et de ses fragilités – tend à une *vie bonne*. Sans séparations artificielles entre privé et public, la vie bonne – vers laquelle tend tout acte humain – doit viser, simultanément, tous les comportements personnels et sociaux de l'homme.

La mondialisation scientifique

La séparation indue entre public et privé trouve un fort soutien dans l'idéologie de la mondialisation *scientifique*, très diffusée dans les sociétés occidentales. Les résultats obtenus par l'alliance entre sciences et techniques, dans les domaines les plus variés et à un rythme accéléré, fournissent sur n'importe quel aspect du réel un jugement lié aux sciences empiriques qui prétend être incontestable. Pour cela il est possible de définir le langage commun à divers savoirs – dont le statut, évidemment, est bien différencié – avec le mot *mondialisation*. En outre, on peut qualifier le substantif, avec sa saveur négative voulue, avec l'adjectif *scientifique* justement pour indiquer le privilège exclusif accordé par un tel langage au modèle algébrique de la mesure. Au cours des dernières décennies, sa fortune – favorisée par les processus de mondialisation dans l'économie – a explosé, pour dominer – au niveau de la communication – ce que l'on nomme la société des réseaux sociaux. Dans le langage de la *mondialisation* scientifique, le nouveau dieu de l'*algorithme*, en traversant des sciences aussi disparates entre elles, semble en mesure de convaincre les masses que, sous chaque aspect du réel, il n'existe pas de jugement qui ne se ramène au calcul algébrique, qu'il s'agisse de celui de la table de Pythagore ou de celui de l'algèbre de Boole. Mais au contraire cette *mondialisation* scientifique est radicalement contestée par l'expérience élémentaire de l'homme. L'amour que me portent mon père et ma mère ne peut être réduit à un jugement de calcul, il ne peut se démontrer comme 2 + 2 = 4, mais il est plus important que ce jugement de calcul. Qui d'entre nous pourrait nier que dans des domaines décisifs de la vie, comme le bien de la personne, de la famille, de la patrie, de la paix mondiale, du développement des peuples, tous les jugements ne sont pas reconductibles à un modèle mathématique?

La conséquence de la *mondialisation* scientifique est très sournoise et très répandue. C'est une sorte d'impératif que quelqu'un a défini comme *impératif technologique*: tout ce que l'on peut faire, pourvu que la technique et les sciences le permettent, doit être fait.

Pour quels mérites extraordinaires l'algorithme a-t-il pu s'élever au plus haut trône de l'Olympe? Justement parce qu'il fournit l'élément de base nécessaire pour formuler de semblables jugements "universels" en leur permettant d'être présentés comme neutres, libérés de tout critère de valeur référé en dernière instance à l'éthique et à l'anthropologie.

En raisonnant ainsi, il devient évidemment inévitable de séparer le privé du public – le public déterminerait le cadre des jugements fournis par l'universalisme scientifique, tandis que le privé resterait le domaine de ce qui reste de non rationnel. De là à exalter le principe pragmatique si équivoque, hélas, et toujours plus brandi sans esprit critique, de l'"interdit d'interdire", il n'y a qu'un pas. Celui qui tente de s'opposer à ce langage est considéré pire que le célèbre tronc auquel Aristote réduisait le négateur du principe de non-contradiction et, s'il s'agit de groupes, ceux-ci sont en fait relégués dans une sorte de "réserve indienne".

C'est de l'impératif technologique que naît l'étrange impératif éthico-juridique de l'*interdit d'interdire*. Celui-ci reçoit un autre renfort d'une autre donnée qui défie notre identité culturelle, qui est le troisième élément de mon analyse.

L'androgynisme culturel

Je me réfère à la menace adressée à l'identité de la personne par cet *androgynisme culturel* qui ne cesse de croître de façon préoccupante. L'androgyne est, par définition, le mythe d'un être humain doté des deux sexes, un être qui renferme en soi les deux potentialités sexuelles. Quand je parle de culture androgyne, je me réfère à une culture pour laquelle la différence sexuelle n'est pas, comme le soutient entre autres la psychologie des profondeurs la plus avertie, indépassable et non déductible. Au contraire chaque être humain – dit-on – peut choisir à son gré son propre sexe (*gender*) ou même passer, au cours de son existence, d'un sexe à l'autre.

Un autre trait distinctif de l'expérience humaine élémentaire, celui du rapport entre homme et femme, est aussi miné dans ses racines. Pour décrire pareil phénomène, en recueillant un élément ultérieur du *trend* culturel dominant, nous pourrions utiliser – au risque d'être accusés de moralisme – l'expression d'*invasion érotique.* La révolution sexuelle a diffusé au niveau des masses une conception et une pratique de la sexualité qui mêlent des éléments libertins et des éléments romantiques. L'autre, dans son corps, est réduit à une simple machine pour tenir allumé le feu du plaisir, au point que la figure féminine, dans son être symbole éminent de *l'Autre*, risque d'être abolie.

L'affection – c'est-à-dire cette dimension par laquelle l'amour modifie le sujet – est romantiquement traitée comme une maladie mortelle contre laquelle on ne peut se défendre.
Décrire en ces termes le cadre de la culture dans laquelle nous sommes immergés ne signifie en aucune façon se prêter à des moralismes pessimistes ni, encore moins, nous perdre dans le regret stérile des temps passés, considérés sans esprit critique comme meilleurs uniquement parce que passés. Il s'agit seulement de réalisme.

Un temps de douleurs

En conclusion nous pouvons demander à quels résultats conduit un tel panorama culturel? La sphère du "public" finit par coïncider avec une société civile construite sur de pures conventions formelles, toujours plus dominée par un État considéré comme le moteur qui en garantit l'efficace fonctionnement grâce à la multiplication asphyxiante de normes, conçues *more geometrico*, qui en réalité trahissent un vide de contenus préoccupant. Tout ce qui n'entre pas dans cette sphère, même doté d'une grande importance sociale, est traité de manière privée. Et tout simplement ne compte pour rien.
Et pourtant, aucun trait de la culture contemporaine ne parvient à enterrer le fait, par certains côtés surprenant, que le désir et la liberté représentent des "valeurs" qui sont aujourd'hui – et de très loin - les plus courues. Beaucoup plus courues que la raison ou que la justice, pour citer les deux questions qui ont fortement marqué le siècle à peine achevé. Les intellectuels – et je me réfère ici aux experts des domaines les plus variés du savoir – parlent de l'homme d'aujourd'hui

comme de l'homme *post-moderne*. Par cela ils veulent dire que les hommes contemporains, malgré une continuité de mentalité et de culture avec les hommes de la modernité – une époque qui s'étend par convention de la fin du XVème siècle à la chute du mur de Berlin (1989) – en sont séparés par une discontinuité encore plus marquée et radicale.

Il n'est ni envisageable ni opportun de procéder ici à une analyse des multiples causes qui ont provoqué ce changement d'époque. Il n'est pas nécessaire non plus d'illustrer de manière articulée même seulement les principaux traits de la physionomie de l'homme post-moderne. Il suffit d'en indiquer, dans l'interaction entre désir d'infini et liberté, les caractères dominants.

Nous nous trouvons ainsi devant une curieuse coïncidence. Jésus s'est à plusieurs reprises explicitement appuyé sur le désir d'infini et sur la liberté comme les facteurs clef pour proposer aux hommes Son évangile: "Si tu veux être parfait ..."(*Mt* 19, 21), "vous serez réellement libres ..."(*Jean* 8, 36). Donc contrairement à ce qui est souvent affirmé de façon très superficielle, nous pouvons dire que l'offre chrétienne, loin d'être *inactuelle*, se trouve plus que jamais sur la même longueur d'onde que la demande de l'homme post-moderne. Et, nous le répétons, non seulement parce que le désir et la liberté sont constitutifs du cœur de l'homme comme tel (et donc de celui de l'humanité), mais aussi parce que la façon radicale avec laquelle Jésus parle de désir et de liberté recoupe la radicalité avec laquelle cette double instance est perçue *aujourd'hui* par des hommes et des femmes de tous âges : au cours des deux dernières décennies, la question du désir et de la liberté s'est imposée de manière inédite. Les questions de fond implicites chez chaque homme dans tous les temps, mais réservées pendant des millénaires à une certaine élite, sont devenues *les questions explicites* de *tout un chacun aujourd'hui*, de toute la famille des peuples.

Qu'est-ce qui me donne finalement l'envie de vivre? Pourquoi est-ce que ça en vaut la peine? et moi qui suis-je? Quelqu'un m'aime-t-il au point de m'assurer que cette envie de vivre ne se brisera devant rien, pas même devant la mort?

Ce sont des questions qui se sont imposées dans notre vie personnelle et sociale d'hommes contemporains avec une force tout à fait exceptionnelle, mettant en mouvement une recherche spasmodique de bonheur et éveillant des énergies de liberté auparavant insoupçonnées. Il suffit de penser que jamais elles n'étaient sorties de manière aussi directe et explicite du terrain des sciences biomédicales, économiques, politiques. Elles vivaient reléguées en littérature ou elles étaient carrément niées par les savoirs philosophiques et humains comme des questions non pertinentes, sinon réduites au rang de questions d'adolescents. L'homme post-moderne s'est insurgé avec force contre cet état de choses et n'entend en aucune façon renoncer au désir dans toute son ampleur, au recours à toute sa liberté pour le réaliser.

Les questions décisives que déjà *Gaudium et spes* formulait avec grande clarté – "qu'est-ce que l'homme ? que signifient la souffrance, le mal, la mort, qui subsistent malgré tant de progrès ? à quoi bon ces victoires payées d'un si grand prix ? que peut apporter l'homme à la société ? que peut-il en attendre ? qu'adviendra-t-il après cette vie?" (*GS*, p.10) – font pression pour venir au jour même lorsque, dans le travail parfois violent d'aujourd'hui, elles semblent obscurcies par le climat contradictoire entraîné par l'écroulement des utopies qui ont endeuillé le XXème siècle, défini peut- être trop rapidement le *siècle bref*.

Aujourd'hui, de façon surprenante, c'est un phénomène tout à fait particulier propre à notre panorama scientifique et culturel qui rend urgente les questions qu'Auguste Comte "interdisait de poser". Ce ne sont plus seulement des philosophes, des théologiens, des spécialistes de sciences humaines et sociales qui s'agitent autour de ces questions qu'on ne peut éviter. Elles font irruption même dans les laboratoires des hommes de sciences, surtout de ceux qui cultivent les savoirs des sciences neurologiques. Mais – et cela est décisif – leurs découvertes sont d'une telle importance et d'une radicalité telle que, sans plus aucune médiation, dans l'actuelle société des réseaux sociaux, elles imposent aux *masses* elles-mêmes la question qu'avec une intense *pietas* le psalmiste adresse à Dieu "qu'est donc l'homme, que tu le connaisses, l'être humain, que tu penses à lui?" (*Ps* 143, 3). Nombreux en effet sont les interrogations et les doutes au sujet de l'identité et de la nature de l'*humanum* qui, en délaissant les salles de classe, sont proposés dans les pages des quotidiens et par les *talk show* obtiennent une audience populaire.

Pour indiquer la raison de l'inédite radicalité de cet état de choses propre à la postmodernité, le philosophe français Rémi Brague déjà cité affirmait que le XXIème siècle sera le siècle d'une âpre lutte entre l'être et le néant. Et il l'indiquait sans moyens termes, de façon presque brutale: "le problème central n'est autre que celui de l'existence de l'homme sur cette terre" (R. Brague, *D'un transcendantal à l'autre*, IV forum del progetto Culturale, Roma, 3 décembre 2004). Le couple sciences-techniques (surtout biologie et sciences neurologiques), la précarité dans laquelle nous avons laissé précipiter l'état de la planète, la radicalisation d'une misère endémique dans le Sud du globe, en particulier dans l'Afrique subsaharienne, font percevoir à de très larges masses d'hommes qu'au seuil du XXIème siècle l'existence même de toute espèce animée est en jeu. Au sens littéral et ce n'est pas une façon de parler. Le conflit n'est pas un conflit entre civilisations et encore moins entre religions. Ce n'est pas une guerre entre diversités (de race, de peuple ou de culture). La ligne de démarcation du conflit passe à l'intérieur de tout homme, de tout corps intermédiaire, pour s'étendre à la société civile dans toutes ses dimensions locales et mondiales. Chaque jour en chacun de nous la question se pose avec force: qui me garantit? Qui finalement garantit l'humanité? L'*angoisse* d'heideggérienne mémoire assume des dimensions universelles qui en agrandissent l'aspect singulier et qui risquent surtout de lui arracher ce devoir d'ouverture à l'être que le philosophe de la Forêt noire lui confiait pour la rendre un pur signe du néant.

Et ainsi l'extraordinaire coïncidence entre annonce chrétienne et désir ardent de l'homme d'aujourd'hui vit cependant dans un travail inédit. Tout à fait étrangers à des irénismes naïfs, nous sommes bien conscients, comme chrétiens, que le désir et la liberté de l'homme postmoderne empruntent des chemins qui ne mènent nulle part. Il n'est aucun aspect de l'expérience élémentaire de l'homme liée à son être un d'âme-corps, d'homme-femme, et d'individu-communauté, qui n'apparaisse aujourd'hui comme "secoué par un tremblement de terre".

L'actualité radicale de la promesse du Christ à propos du désir et de la liberté nous permet de reconnaître le gain hautement positif, constitué par le fait que l'ouverture infinie du désir et les routes de la liberté sont devenues le moteur explicite de la vie personnelle et sociale de l'homme d'aujourd'hui parce qu'elles ont été finalement libérées des tyrannies utopiques du siècle dernier. Ce n'est pas par hasard que le Serviteur de Dieu Jean-Paul II écrivait, dans son testament en 1980, que "les temps dans lesquels nous vivons sont indiciblement difficiles et tourmentés". Et vingt ans après il ajoutait ces mots: "depuis l'automne de l'année 1989 cette situation a changé. La dernière décennie du siècle passé a été libérée des tensions précédentes; cela ne signifie pas qu'elle n'ait pas apporté avec elle de nouveaux problèmes et difficultés". Il ne faut pas, en effet, méconnaître que les nouvelles instances qui se profilent à l'horizon sont souvent aujourd'hui à la merci de la fragilité, de la confusion et de la contradiction. L'époque post-moderne, donc, apparaît, plus que comme une époque de crise, comme une époque de douleurs (*travaglio*). Les contractions et les douleurs sont répétées et violentes, mais comportent la perspective joyeuse de l'accouchement.

7

Progrès et sens

La question du sens aujourd’hui

La pensée contemporaine ne cesse de fasciner et stimuler en tentant, de façon plus ou moins consciente de prendre au sérieux la radicalité de la question posée par Leopardi – “et moi qui suis-je?” – aussi bien que l’appel adressé à Adam par le Créateur: “Adam, où es-tu?”.

En effet, dans toutes les circonstances de l’histoire et par un réseau de relations d’amour authentique, le Père bienveillant continue à susciter chez l’homme le désir inlassable de découvrir *ce qu’il est* et *où il est.* Et même quand ce désir se perd le long de sentiers interrompus sans rencontrer le visage lumineux qui libère de l’origine-fin (la Vérité), il reste en tout cas l’indice d’une soif qui ne s’éteint pas et qui en dernière analyse laisse espérer.

À nous aussi, hommes figés dans l’histoire, il arrive de voir poindre miraculeusement, sur le terrain de la compassion humaine solidaire, les questions ultimes du sens religieux, brin d’herbe ténu qui réussit à percer la montagne d'immondices sous laquelle nous l'avions enseveli: "pour moi existe la pression absolument indéniable d'une présence étrangère à l'explication" (G. Steiner, *Errata,* Milan, Garzanti, 1998, p. 200). Dans les affections et le travail, l'Auteur de l'histoire ne se lasse pas de rappeler l'homme à cette expérience élémentaire qui constitue la voie sûre pour courir vers le but sans prétendre le fabriquer et le maîtriser de façon mécanique.

Il est inévitable de reconsidérer sur ces bases quelle direction prend l'histoire, avec les connotations culturelles qui sont propres à notre temps. Une première direction nous est suggérée par le filon politique. Il suffit de penser à la diffusion qu'a connue la thèse de Fukuyama sur la *fin de l'histoire*. D'une part l'homme occidental a démontré qu'il savait se libérer d'une conception de l'histoire entendue comme la réalisation progressive d'une idée abstraite et absolue, conçue *a priori*. Et la chute des totalitarismes qui ont représenté l'incarnation pratique et violente de cette "idée" en est l'éclatante confirmation. De l'autre cependant Fukuyama et ses coryphées ont eu la naïveté de penser que la forme politique de l'ultra libéralisme, préservé à jamais des crises destructrices par son équilibre interne présumé, puisse représenter la phase finale de l'histoire. Le scénario tragique qui aujourd'hui, après la chute mythique du Mur, se présente à nos yeux, dément la présomption de ne plus avoir à attendre de transformations radicales sous prétexte que la forme immanente et absolue de l'histoire est morte et que l'ultra libéralisme s'est imposé comme le remède universel.

Une seconde direction qui indique – non sans équivoques – le besoin de repenser le progrès dans un sens biblique est celle des sciences et techniques. Ici il convient de citer au moins deux données.

La première est représentée par les résultats extraordinaires obtenus surtout dans le domaine biologique, grâce au couple sciences-techniques. Comment éviter que l'exaltante aventure de la liberté de recherche, au lieu d'être au service effectif de la personne et de toute la famille humaine, soit une fois encore instrumentalisée par la violence idéologique qui s'attaque au sanctuaire de la dignité humaine et de la liberté? Un second élément, sur une échelle plus ample, est lié à la question écologique. Là aussi nous faisons face à un dilemme qui appelle un choix de libre civilisation.

Après tant de coupable négligence, nous sommes aujourd'hui certainement beaucoup plus avisés et constamment rappelés à redécouvrir la Création et à en prendre soin. Mais comment éviter de tomber dans une sorte d'eschatologie menaçante, dont « les derniers temps » semblent destiner l'humanité à une lutte sans merci, catastrophique et, donc, à l'anéantissement?

Le but nous est donné

La fin de l'idée utopique de l'histoire que toute l'époque a préparée s'est paradoxalement produite quand le monde était en train de s'organiser économiquement et techniquement comme une réalité globale. Une civilisation plurielle se profile, mais une civilisation de l'humanité.

En même temps et ce n'est pas par hasard, à l'encontre de la prophétie menaçante de ceux qui, dans les années soixante-dix, avaient prévu l'affirmation implacable d'un monde purement mondain et sans religion, nous assistons aujourd'hui à un retour massif du sacré. Bien que confuse et sauvage, cette réapparition du sacré répond inconsciemment au besoin de redécouvrir le sens dramatique de l'histoire où la liberté de tous les acteurs est assurée et où donc un progrès raisonnable est rendu possible. Que nous suggèrent ces deux données?

Elles nous disent que ni la structure des systèmes politiques (où le libéralisme est souvent la ridicule caricature de la liberté chrétienne), ni l'état présent de la science (où le vertige d'une prospective post-humaine ne réussira jamais à déflorer la douceur de l'humain) ne pourront finalement garantir le progrès. Le progrès vient de la possibilité pour chacun, quelle que soit sa race, sa culture, ou sa religion, de donner sens à sa manière d'aborder les circonstances et les rapports humains, en sachant qu'ils comportent un sens toujours plus grand et, dans une certaine mesure, toujours insaisissable (le but). Dès la naissance, une exigence s'impose en chaque homme, que rien ne peut effacer, celle d'être définitivement aimé et d'aimer pour toujours. Elle jaillit de l'être originairement avec l'*autre* et pour l'*autre*. Elle seule nous *assure*, comme le piton planté solidement dans la roche assure l'alpiniste qui affronte la paroi. Le cri léopardien "et moi qui suis-je?" prend forme en nous parce que Celui qui nous l'a placé dans le cœur et qui prend soin de notre désir – bien qu'égaré – nous met sur la route, en provoquant en toute circonstance et dans chaque rapport notre liberté: "Adam – c'est-à-dire homme –, où es-tu?".

Les questions sur le pourquoi ultime, qui fleurissent sur le terrain de l'amour, ne sont autre que la pénétration de la raison humaine dans le mystère. "La religiosité représente en effet l'expression la plus haute de la personne humaine, parce qu'elle est le sommet de sa nature

rationnelle", disait Jean-Paul II (*audience générale de l'année Sainte*, 19 octobre 1983). Il est important de noter qu'à ce niveau ultime la question philosophique devient religieuse et l'expérience humaine élémentaire montre son bien-fondé en exposant l'existence du but.
Un but nous est donné. Et ce but, loin de bloquer notre liberté, ne fait que l'exalter, en la dirigeant vers un futur certain parce que ancré dans une claire origine: la maison pleine d'amour du Père qui, *rerum tenax vigor*, gouverne toutes les choses. L'énigme de l'homme rencontre une première réponse sans toucher toutefois au drame de chaque individu. Dans l'horizon de l'événement originaire de l'amour, qui s'exprime dans l'appel paternel : "Adam où es-tu?", chacun de nous doit tenir compte de la question: "et moi qui suis-je?". Personne ne peut répondre à ma place ni à la tienne.

Il y a bien le but, mais quel est le chemin?

Quel progrès sans présomption de possession? Comment poursuivre un but, qui soit à la fois personnel et collectif, mais en hommes libres et en peuples libres, co-acteurs de l'histoire, conscients de sa nature dramatique et parfois contradictoire, et liée à l'existence du mal, pensé non seulement comme mal humain, mais jusque dans sa racine, celle de l'être personnel satanique? Comment tendre continuellement au but sans rester suspendus à l'idolâtrie dans son ambivalence structurelle (qui est aussi religieuse)?
Peu d'hommes sans doute ont pensé à ces problèmes comme Augustin. Ce n'est pas par hasard qu'après des siècles ses œuvres ne cessent d'être lues et relues. En considérant son expérience de manière

critique et organique sur l'arrière-plan des cultures religieuses et philosophiques de son temps, nous pouvons trouver une réponse encore valide. Valide non comme une vérité à empocher une fois pour toutes, mais capable, si elle est lue comme il convient, de prendre en charge les authentiques critiques du post-modernisme, parce qu'elle est à la fois *vérité pour la liberté* et *vérité de la liberté*.

Commençons par dire que la passionnante tension d'Augustin vers la vérité touche immédiatement les thèmes de la direction de l'histoire, du progrès, du but et de la tension vers le but parce qu'il est simultanément attentif à la dimension personnelle (accomplissement, perfection) et historique (cité de Dieu et cité de l'homme) de l'existence humaine. En commentant les premières pages de l'Évangile de Jean, Augustin ne peut s'empêcher de noter que le Verbe, qui vient amoureusement à notre rencontre, a déjà été entrevu dans sa splendeur et dans sa vérité par les philosophes païens: "dans les livres des philosophes on trouve aussi des choses analogues, même que Dieu a un Fils unique par qui furent faites toutes les choses. Ils réussirent à voir ce qui est, mais ils virent de loin" (*Sur l'Évangile de Jean, Tr.* 2, 4). L'homme, quand il est authentique, s'aperçoit que le Père lui a ouvert sa demeure éternelle et se dispose, de quelque façon, à le reconnaître. Et les grandes religions, quand elles ne tombent pas dans les fondamentalismes sous l'agression d'une idéologie parasitaire, sont une confirmation formidable de l'action miséricordieuse du protagoniste de l'histoire.

Et pourtant Augustin voit avec une lumineuse clarté l'impossibilité pour l'homme de voir Dieu sous Son vrai visage. Il perçoit dramatiquement l'inévitable risque que le regard humain qui reconnaît la présence de Dieu dans la réalité ne le fige de façon idolâtrique en le privant de Son souffle vital. Il le relève avant tout dans sa propre aventure personnelle, puis dans la lutte contre les multiples hérésies qui tentaient à dissoudre le cœur de l'expérience chrétienne et enfin dans la comparaison entre le christianisme et les pouvoirs constitués à l'intérieur de l'Empire romain. Trois aspects d'impressionnante actualité, fût-ce évidemment sous des formes diverses, pour nous.

Le but, c'est-à-dire, le père aimant, qui nous attend dans sa maison, découvert depuis longtemps, éveille en nous le désir insatiable de le rejoindre. C'est l'origine du vrai progrès, vers lequel nous tendons continuellement. Et toutefois il est, de façon si bouleversante, mystère d'amour incandescent au point de ne pas être à notre portée. Il déborde, il nous dépasse de toutes parts.

Notre regard ne le supporte pas, notre pauvre cœur ne résiste pas à tant d'amour. C'est trop, non trop peu! C'est ici qu'affleure le drame constitutif de l'homme ou, comme dit de Lubac, sa nature paradoxale. Je désire l'infini parce que je l'ai entrevu, mais il n'est pas dans mon pouvoir de le posséder. L'expérience élémentaire même de l'amour dans toutes ses manifestations y compris les plus aberrantes m'enseigne cette vérité. Je désire aimer pour toujours, je veux être définitivement aimé, mais la réalisation de ce désir n'est pas en mon pouvoir exclusif. Si je prétends posséder, l'amour cesse de m'ouvrir à l'aimé mais, comme le regard d'Orphée, il pétrifie l'aimé en lui ôtant la vie et pour finir il atrophie mon propre désir aimant. L'idole fossilise et me fossilise: "ils ont une bouche et ne parlent pas, ils ont des yeux et ne voient pas, ils ont des oreilles et n'entendent pas, ils ont des narines et ne sentent pas. Ils ont des mains et ne touchent pas, ils ont des pieds et ne marchent pas (…). Que soit comme eux celui qui les fabrique et quiconque espère en eux" (*Ps*. 114, 5-8).

Et pourtant le psalmiste insiste: “Cherchez son visage. C’est ton visage, Seigneur, que je cherche”. (*Ps*. 26,8).

Le chemin vers la vérité et la vie

Une nouvelle fois, l’amour infini du Seigneur de l’histoire nous surprend et il le fait de manière encore plus inattendue et plus puissante. Il envoie Son fils. Celui-ci “ne retint pas jalousement le rang qui l’égalait à Dieu.” (*Phil*. 2,6). En s’offrant dans la fragilité d’une existence humaine, il révèle aux hommes le visage du but entrevu de loin et vers lui il oriente toute l’histoire : “le Fils de Dieu est venu en révélant le nom de la Trinité”, dit Thomas d’Aquin (*I Sent. Prol.*)

La fameuse et bien plus solide barque de la révélation invoquée par Platon dans le *Phédon*, sur laquelle un dieu bienveillant déciderait de nous faire sillonner la mer orageuse des questions ultimes, est en réalité le bois de la croix dans sa volontaire et *kénotique* fragilité.

“Afin de nous procurer le moyen d’y parvenir, Celui-là est venu vers qui nous voulions aller. Et qu’a-t-il fait? il a préparé un navire sur lequel nous pourrons traverser la mer. Personne, en effet, ne peut traverser la mer de ce siècle, à moins que la croix de Jésus-Christ ne le porte.” (Augustin, *Sur l’Évangile de Jean*, Tr. 2,2).

L’homme en chemin, accroché à la croix du Christ, peut tendre continuellement vers le but. Augustin ajoute que même aux moments où il perd de vue le but ou même se trouve l’ignorer, la croix peut lui permettre de parcourir la juste voie. Avec un grand équilibre l'évêque d'Hippone place ainsi l'expérience chrétienne à l'abri du danger agnostique, en soutenant cependant avec force la thèse de l'accessibilité de la splendeur divine pour tout intellect. Et cet équilibre, qu'Anselme, Thomas et l'authentique pensée chrétienne ne cesseront d'approfondir, fonde à proprement parler une théologie appropriée du cheminement chrétien (progrès-but).

L'humble conscience des hommes touchés par la grâce du Christ conduit à la conviction tenace et libératoire que désirs, aspirations, tentatives personnelles et sociales, bien que précieux et présents dans l'âme humaine, ne serviraient à rien si le Verbe même n'était devenu la route sûre de l'homme.

Avec une délicate sagesse Augustin relit les paroles de Jésus: "Je suis le chemin, la vérité et la vie" (*Jean* 14, 6), en précisant presque que Jésus voulait nous dire: "*Je suis le chemin* vers la *vérité* et vers la *vie*". Pour cela Paul affirme: "Je décidai de ne savoir rien d'autre parmi vous que Jésus-Christ, et Jésus-Christ crucifié" (*1 Cor*. 2,2).

La péremptoire affirmation de l'Apôtre des Gentils, loin de borner le champ de la connaissance, l'élargit jusqu' aux extrêmes confins de l'être. Avec cet horizon grand ouvert on peut passer toute sa vie à déchiffrer la physiologie d'une patte de fourmi.

Rester accrochés à la croix du Christ nous procure, à nous hommes contemporains, vérité et humilité, jugement et miséricorde, parce que cela ouvre à la conscience que le Logos éternel traverse et guide, sous des formes perceptibles aux hommes seulement par lueurs, la vie et l'histoire de la cosmopolite famille humaine et de tout l'univers.

La croix du Christ a débouché sur la résurrection. C'est cette alliance actuelle et éternelle du Père avec l'homme assurée par l'Esprit qui continue à imprimer au temps et à l'histoire une direction. Le progrès est possible, le but est fixé, la liberté est mobilisée et l'on peut marcher rapidement. L'énigme est résolue. La liberté est libérée afin qu'elle reste libre de courir tout son propre risque: mon drame, ton drame ne sont pas décidés d'avance.

La venue de Jésus-Christ – irruption de l'éternel dans le temps – est la vérité vivante et personnelle. C'est justement pour cela que, dans Son radical abaissement, il n'a pas craint de se livrer à la liberté finie de l'homme, jusqu'au point de se faire crucifier. Loin de bloquer la liberté de pensée et de recherche, l'événement chrétien l'exige et l'intensifie, ouvrant ainsi la possibilité d'un chemin vers le but qui ne soit plus conçu comme un inéluctable *fatum*. Pas même le péché dans lequel, à la fin, trouvent seulement leur explication les contradictions de l'histoire avec l'inévitable dialectique progrès-régression, ne représente un obstacle à notre effort continu vers le but. "Car Dieu a enfermé tous les hommes dans la désobéissance pour faire à tous miséricorde" (*Rm* 11, 32). La *felix culpa* de l'Exultet pascal n'est pas superficielle condescendance, mais douloureuse conscience de la bouleversante force de la simple affirmation de saint Jean "Dieu est amour" (1 *Jean* 4, 16). Si l'Européen d'aujourd'hui, souvent oublieux du Christ, pouvait entrevoir même seulement de loin quelle plénitude de liberté réside au cœur de l'expérience chrétienne, il retrouverait en courant le chemin de l'Église. Courons donc vers le but. En effet, comme a écrit von Balthasar:

"Dieu n'est pas une forteresse fermée qu'avec nos machines de guerre (ascèse, introspection mystique etc.) nous devons enlever, mais, au contraire, une maison pleine de portes ouvertes, par lesquelles nous sommes invités à entrer. Dans la maison de l'"avec" trinitaire il est prévu depuis toujours que nous, qui sommes les autres, nous participions au vif échange d'amour" (H.U. von Balthasar, *Tu coroni l'anno con la tua grazia*, Milano, Jaca Book, 1990, pp.111-112).

8

La vie bonne : un idéal praticable

La racine du bon gouvernement

Le contenu de la proposition chrétienne dans la culture de chaque jour, au niveau socio-politique, consiste à reproposer avec force l'idéal très concret de la *vie bonne*. Péguy parle des chrétiens comme des "plus civiques des hommes" (*Lui è qui. Pagine scelte*, Milano, Rizzoli, 1997, p. 80). Même – et, peut-être surtout – en Occident, il s'agit de mettre en évidence la fécondité de l'expérience de la foi du peuple de Dieu pour l'édification d'une société civile où les différences ne soient pas tolérées, mais symphoniquement valorisées. Cela sera impossible sans tenir compte de la vertu de courage.

En effet, l'idéal d'édification de la *polis* consiste à poursuivre cette *vie bonne* simultanément exigée par le particulier et par la communauté sans une séparation artificielle entre public et privé. Cette façon de voir reconnaît l'indépassable polarité entre personne et communauté, entre individu et société. On ne peut donc partir de l'individu et de la société comme de deux éléments séparés, à recomposer ensuite en unité. Ainsi faisant, il ne serait pas possible de reconnaître la personne ni d'édifier la société. La dimension communautaire (sociale) est, en effet, interne au moi.

La célèbre allégorie siennoise sur le *Bon* et le *Mauvais gouvernement* d'Ambrogio Lorenzetti m'offre l'occasion d'une interprétation tout à fait suggestive qui ne prétend nullement "lire" objectivement cette œuvre. Une interprétation qui choisit la voie de la *personnification.* Du premier coup d'œil, une donnée est évidente: dans l'un et dans l'autre cas la personnification ne se limite pas à la figure centrale, celle, pour ainsi dire, du *protagoniste*, l'homme vêtu de noir et avec les cornes (personnification du diable?) pour le Mauvais gouvernement et la figure du vieux et savant monarque assis sur un trône pour le Bon gouvernement. Les deux personnages sont entourés par d'autres interprètes, bien distincts du peuple, qui apparaît aussi sur la scène de la ville et de la campagne siennoises, appelés à narrer les effets, bons et mauvais, de l'exercice du pouvoir politique. Ces co-acteurs sont très précisément la Cruauté, la Discorde, la Guerre, la Perfidie, la Fraude, la Colère, la Tyrannie, l'Avarice, la Vanité, dans le cas du Mauvais gouvernement. Le personnage central du Bon gouvernement, au contraire, est entouré par les figures allégoriques de la Justice, de la Tempérance, de la Magnanimité, de la Prudence, du Courage et de la Paix. Il ne sera pas superflu de souligner que sur la tête du vieux et sage monarque sont personnifiées les trois vertus théologales de la Foi, de l'Espérance, de la Charité. Quelle considération immédiate suscite le choix iconographique de Lorenzetti dans cette œuvre qui est considérée, en un certain sens, comme la première de caractère "totalement laïque" dans l'histoire de la peinture italienne? Pour qu'il y ait Bon gouvernement on ne peut séparer l'action vertueuse des personnages, c'est-à-dire de qui gouverne et de qui est gouverné, de l'élaboration des pratiques et des théories concernant les biens et les fins de la coexistence civile, ni des moyens pour les réaliser. En d'autres termes la condition primaire pour l'exercice d'une vie politique réside dans une conception de la société qui permet et exprime une *anthropologie appropriée*.

Dans les fresques aux couleurs vives de Lorenzetti brille une conviction inaugurée par Aristote, reprise par Thomas et pacifiquement vécue jusqu'au début de l'âge moderne: la coexistence sociale s'appuie sur une pratique et une conception de l'action des hommes comprise comme un *tout*, et donc portée à donner un ordre aux fins et aux biens de la vie. Il en découle une philosophie du comportement humain orienté vers la *vie bonne*, sans séparer la dimension personnelle de la dimension sociale de l'action. Ce n'est pas qu'Aristote dans l'*Ethique à Nicomaque* ou Thomas, qui reformule la thèse du *bene vivendum* dans la *Secunda Pars* de la *Somme* et dans la *Sententia libri ethicorum*, ne voient pas la nécessité de distinguer soigneusement entre éthique personnelle et éthique publique ou politique. Comme le montrent les études les plus rigoureuses, ils sont bien conscients de la nécessité que l'éthique politique, comme vie bonne, exige de nombreuses adaptations réalistes par rapport à la vie vertueuse référée à chacun. Ils ne considèrent pas naïvement que les sociétés politiques puissent être tout court des sociétés vertueuses, mais, faisant montre d'un strict sens pratique, ils défendent ce point de vue parce qu'il permet l'emergence et l'expression, à l'intérieur de la *polis*, d'*hommes* et de *communautés de vertu*. D'où la nécessité, déjà configurée, pour utiliser un langage moderne, d'une société civile qui donne vie à une démocratie substantielle grâce au dialogue libre et articulé entre des personnes et des communautés intermédiaires vivantes (MacIntyre).

Tout bon gouvernement – même dans notre complexe société de la mondialisation et des réseaux – qui veut rejoindre les hauteurs pures de la liberté, ne peut faire abstraction de l'engagement rigoureux de tous, tendant à poursuivre la *vie bonne* en maintenant unies les deux dimensions distinctes, personnelle et communautaire, de l'action humaine. Telle est ma profonde conviction qui, par ailleurs, ne fait que reproposer le fil rouge de tout l'enseignement social de l'Église, surtout de cet arc du magistère pontifical qui va de *Rerum novarum* à *Centesimus annus*.

La "rupture" de la modernité

Il serait très complexe de citer même simplement les causes qui ont conduit à la rupture de cette conception unitaire et articulée. Elles sont en effet à attribuer avant tout à la régression dans un sens tout d'abord légaliste (théologie scotiste, ockhamiste, puis Suarez) et puis casuistique (Juan Azor) de la philosophie morale comme telle. Elle a été suivie – de manière inattendue à partir du juriste et théologien jusnaturaliste Grotius – par une éthique sécularisée de la loi naturelle. À partir de Grotius, l'abandon de la conception aristotélico-thomiste naît justement de l'instance, en soi compréhensible, de proposer un point de vue théorique *objectif* de l'éthique politique capable de par lui-même, en vertu du système des lois, d'orienter aussi le comportement de chacun. Pour finir, Grotius et Hobbes – dans la différence radicale entre *nature* et *convention*– s'inspirent de la même logique. Ils ne font que transférer au niveau de l'architecture de la vie civile cette *exclusion du sujet* qui est le caractère distinctif de la modernité. Cette dernière en effet est prisonnière d'une contradiction que même le post-moderne, s'il existe, ne semble pas savoir encore éliminer. Tandis qu'elle reproche au point de vue classique une considération inadaptée du sujet, du fait que celle-ci reléguerait la personne à n'être qu'un étant parmi les étants, elle devient la proie d'un "discours scientifique" prononcé à la *troisième*, et non plus à la *première personne*, qui petit à petit s'étend à tous les niveaux du savoir, y compris l'éthique. Un discours qui, pour être objectif et "scientifique" exclut justement le sujet. La route prise par la modernité conduit ainsi inexorablement à la thèse post-moderne de la mort du sujet, bien définie par Nietzsche. Le tragique prophète de notre temps substitue à la géniale intuition de Pascal – "l'homme passe infiniment l'homme" –, l'injonction que - "l'homme doit surpasser l'homme". Aux yeux du "sur-homme", en effet, il apparaît comme un singe, devant qui on ne sait s'il faut rire ou avoir honte.

Je ne voudrais pas que ma suggestion de penser et surtout de pratiquer une conception de la conduite de la *polis* où l'homme et la société sont vus en profonde unité, soit mal comprise à partir de la référence initiale à Aristote et à Thomas. Je n'entends pas proposer un impossible retour au passé en fournissant des recettes préparées à l'avance. C'est un travail qui, aujourd'hui plus que jamais, est devant nous et, de plus, particulièrement ardu.

Les difficultés surgissent surtout lorsque, en pensant la vie bonne, on doit opérer la nécessaire distinction entre la dimension éthique et la dimension politique. Quelles voies pour faire vivre ensemble la primauté objective du bien et les exigences inéluctables de la liberté? Ou encore: comment sauver tout l'espace de la dialectique démocratique à laquelle on ne peut renoncer dans nos sociétés complexes? Comment concilier l'instance de la vie bonne avec les exigences d'une législation qui vise à un ordre mondial, avec le poids du "marché global", avec la défense d'une saine laïcité? Je me limite à constater que, quand bien même nous voudrions renoncer à recourir au binôme nature-culture, il faudra reconnaître que la question *un-multiple* est inévitable pour exprimer l'auto-conscience de l'individu qui toujours vit en société. Il suffit de penser à l'urgence avec laquelle les difficiles rapports avec certains secteurs du monde islamique sont en train de nous l'imposer. C'est ce binôme qui confère une nouvelle actualité à l'horizon anthropologique pour penser le thème du bon gouvernement.

Trois questions brûlantes

Nombreuses et radicales sont les questions brûlantes qui rendent par la suite avantageux d'établir avec force et en même temps une éthique et une politique de la vie bonne. Je me permets seulement trois brèves remarques.

Un premier groupe de problèmes se réfère à la question écologique, qui indiscutablement est aujourd'hui plus que jamais partie décisive de la vie bonne. Dans le passé nous avons coupablement négligé un soin adéquat de la création. Il est juste qu'aujourd'hui nous soyons appelés à nous en charger. Un choix de libre civilité, c'est-à-dire de

vie bonne, soutenue par le bon gouvernement, nous appelle à de nouveaux styles de vie. Toutefois, dans ce cadre comme dans d'autres, le ressort décisif pour le changement ne peut être la peur, même celle que "la planète ne s'en sorte pas". Avec le risque de tomber dans une lutte sans merci de l'intelligence humaine contre un imminent destin d'entropie. Un style de vie peut découler seulement d'un usage équilibré de la liberté de chacun et de toute la société civile. Dans nos sociétés on ne respirera pas une atmosphère de liberté et il ne règnera pas une vie bonne, tant que sera favorisée l'idéologie néo-malthusienne aujourd'hui, hélas, encore dominante dans le domaine démographique. Un nouveau style de vie ne peut pas ne pas s'engager aussi en faveur de la diffusion d'une culture de la vie et l'assurance de sa défense intégrale, depuis la conception jusqu'à la mort naturelle.
Le second thème qui ne pourra pas ne pas occuper une place centrale dans la vie bonne est celui qui est lié aux questions bioéthiques toujours plus brûlantes. Les stupéfiantes découvertes que les sciences biologiques et les technologies qui leur sont rattachées nous proposent chaque jour ne justifient pas du tout la prétention, inhérente à l'impératif technologique ("si on le *peut*, on *doit* le faire") de réduire l'homme à sa propre expérience. Cette glaçante formule de Jongen ne recueille pas l'instance profonde de la pensée contemporaine qui, comme nous l'avons vu avec Nietzsche, pouvait arriver à désespérer de la possibilité du sujet.
La vie bonne aujourd'hui, et c'est le troisième élément que j'entends rappeler ici, connaît la faveur d'un moment de transition qui se base sur une nouveauté singulière. Je me réfère au noyau de vérité contenu dans la thèse déjà citée de Fukuyama concernant la *fin de l'histoire*. Elle révèle qu'avec la chute des néfastes totalitarismes, l'Occident

s'est libéré d'une conception utopique de l'histoire entendue comme la réalisation progressive d'une idée abstraite, absolue et forgée *a priori*. A sa place un monde économiquement et techniquement organisé comme une réalité globale est en train d'émerger, un monde où le retour impétueux du sacré et la rencontre violente entre groupes ethniques, peuples et religions semblent indiquer la nécessité d'accompagner avec un équilibre courageux le processus d'un nouveau "métissage de civilisations" désormais en cours. Bien qu'inédit dans ses dimensions, ce phénomène – nous l'avons déjà noté – est quelque chose de plus profond, originaire et documenté dans toute l'histoire de l'humanité, que nos peurs ne nous permettent de reconnaître.

Les instances de la liberté suggèrent donc qu'un bon gouvernement a besoin d'une société civile empreinte de *vie bonne*. Et celle-ci ne peut faire abstraction de la vertueuse auto-exposition (témoignage) personnelle. Cette conception unitaire de l'action est plus que jamais nécessaire à tous ceux qui, dans la société, occupent des rôles importants à tous les niveaux.

Il n'est pas vrai qu'à la longue on puisse être des hommes d'Église, des politiciens, des responsables économiques et sociaux non vertueux sur le plan personnel, mais excellents dans l'action sociale connexe à son rôle. De même, le citoyen n'est pas un homme accompli s'il s'engage pour le soutien, pour le bilan social d'entreprises communes, pour des banques éthiques et de justice et ne protège pas en même temps la vie plus faible et moins défendue ou ne promeut pas les corps intermédiaires, à commencer par la famille. En faisant les distinctions voulues entre loi morale et loi civile et dans le plus grand respect d'une saine dialectique démocratique, la proposition d'une vie bonne ne peut pas ne pas se conformer à ces points fermes qui découlent directement de l'expérience élémentaire de l'homme.

Le christianisme intègre la notion de citoyen avec celle de personne (expression de liberté et, en même temps, sujet de rapport, de relation). Individu et communauté sont ainsi retenus à l'intérieur de l'unité originaire duale à partir d'une conception de la personne comme être de communion et social artisan de "cette" culture et de "cette" civilisation: "il ne s'agit pas de l'homme «abstrait», mais réel, de l'homme «concret», «historique»", dit l'encyclique *Redemptor hominis* de Jean-Paul II (n.13). L'État, dans cette optique, accepte d'exister en fonction de la société civile animée par les multiformes corps intermédiaires.

Repenser l'engagement politique

De cette conception du *civis* naît un cadre de référence pour penser l'engagement politique.

Le premier facteur distinctif de la moralité de l'action politique et du pouvoir exercé par les institutions de l'État possède un caractère paradoxal: la vérité de cette action est directement proportionnelle à la conscience de ses propres limites. Aucun pouvoir politique – nous l'avons vu – ne peut soutenir toute la portée de l'espérance humaine. De cette lucide certitude naît, fût-ce indirectement, la plus solide garantie pour la dignité de la personne fondée sur son être *capax Dei*. Cette « capacité », en effet, ne dérive d'aucun pouvoir politique ni d'aucune institution. Cette positive réduction à de plus justes proportions est rendue possible par le christianisme qui, se fondant sur la promesse de l'accomplissement eschatologique du royaume de Dieu, protège l'engagement politique contre le mythe d'une société parfaite. Là où la foi renonce à exercer cette conscience critique de la politique, plus facilement s'insinue une mentalité qui peut être définie utopique, dont nous avons amplement constaté les tragiques conséquences.

En politique – nationale et internationale –, dans le domaine éducatif, dans les questions liées au mariage, à la famille et à la vie, dans la société civile comme dans le marché, dans le monde de l'exclusion et de la pauvreté..., en somme, dans toute la réalité, les chrétiens, éclairés par le jugement de la foi, peuvent concourir à l'édification d'une *societas* à mesure humaine.

Une telle possibilité est offerte – avant tout comme un don qui demande à être reconnu – par l'appartenance ecclésiale, fondée sur l'appartenance à un peuple qui articule matériellement en formes de vie l'expérience néotestamentaire de la communion à partir des sacrements, en particulier à partir du baptême. Dans cette appartenance, caractéristique de la communauté chrétienne, les liens interpersonnels sont marqués par la rencontre avec le Christ et, pour cela, fondamentalement à l'abri de toute réduction idéologique.

Il n'est pas inutile de noter, à ce propos, que l'affaiblissement, dans notre communauté, du sens de l'appartenance, explique pourquoi le sujet ecclésial perd toujours davantage son enracinement dans la société civile – et en même temps sa nature populaire – et tend à s'articuler comme sujet séparé, presque une contre-société. Une Église comme sujet séparé engendre le personnage du chrétien militant (sans exagérer la critique désormais connue de la catégorie du militantisme). Le sujet qui milite élabore des stratégies et cherche des techniques efficaces pour reprendre le lien avec la société, dont, peut-être sans s'en apercevoir, il s'était séparé, comme quelqu'un qui coupe la branche de l'arbre sur laquelle il était assis. Et la logique ne change pas si la stratégie militante choisit la route triomphaliste plutôt que celle de la diaspora.

9
ÉDUQUER DANS LA SOCIÉTÉ DE TRANSITION

Education et progrès

Au quarantième anniversaire de la mort de don Milani résonne fort l'*I care* de la célèbre *Lettera a una professoressa*, qui signifie non seulement *prendre soin*, mais aussi *se charger de*, et par conséquent se sentir responsable du bien de l'autre.

Sans éducation il n'y a pas de progrès. Le substantif, comme nous savons, vient de *pro-gredior*, "je cours en avant". Il peut y avoir progrès parce que je ne me considère pas déjà arrivé. Si je ne m'attendais à rien de nouveau, si je pensais être arrivé, je n'aurais plus besoin de courir en avant, de progresser. Mais pour progresser, pour innover il est nécessaire d'éduquer. Dans chaque secteur de l'entreprise humaine on demande aujourd'hui innovation et justement on en identifie les facteurs importants.

Une chose est certaine: il n'y aura pas d'innovation sans que l'éducation soit replacée au centre de l'intérêt et des préoccupations des personnes, des familles, des corps intermédiaires, de toute la société civile et donc de l'État. Ce n'est pas par hasard que l'on parle de *capital humain* et de *capital social* comme ressources indispensables pour tenir le pari de l'internationalisation de l'économie dans la civilisation des réseaux sociaux. En particulier la circulation ou l'érosion du capital social – entendu comme le fruit mûr de relations sociales basées sur la confiance et la collaboration – représente le *papier de tournesol* révélant la capacité éducative des communautés locales.

Eduquer: relation consciente de la personne avec la réalité

Il serait illusoire de parler d'éducation sans recourir expressément à trois catégories fondamentales: personne, réalité, liberté. Parce qu'elle est manifestation sublime de soin, forme pleine de "gouvernement", l'éducation naît et vit de rapports interpersonnels. Il n'est pas de soin si on ne se charge pas de toute la personne. Et la personne, à la différence du simple individu, appelle la relation. Relation avec les autres selon une hiérarchie de proximité qui, commençant par les parents, s'étend à la famille, aux voisins, à l'école, à l'université, au monde varié du travail. Relation ensuite avec les "choses" et le cosmos, avec les "circonstances" et l'histoire.
L'éducation est, en résumé, la capacité de mettre consciemment en relation la personne avec la réalité. Toute la personne et toute la réalité sont en jeu dans le rapport constitutif – interpersonnel, mais toujours au sein d'une communauté – entre éducateur et éduqué. L'éducation est à la fois une question très personnelle et une affaire de peuple. On

peut bien comprendre qu'il ne peut y avoir éducation sans liberté. Si éduquer est "prendre soin" de l'autre, alors ceci signifie pro-voquer sa liberté à héberger la réalité, dans une confrontation passionnée, à 360°. En ce sens l'éducation exige de tous les acteurs en jeu auto-exposition et témoignage.

Comme l'affirme de manière suggestive la sociologue Margaret Archer, "ce dont nous prenons davantage soin" naît d'un "processus actif de réflexion qui advient dans un dialogue intérieur". Le processus actif du "prendre soin" met en évidence "nos prévenances fondamentales" (*ultimate concerns*), qui sont "ce qui fait de nous des êtres moraux" (M.S. Archer, *Realism and the Problem of Agency,* "Journal of Critical Realism", 5, 1, mai 2002, p. 11-20).

Liberté d'éducation, mesure de la démocratie

Prendre réciproquement soin de l'autre et du lien avec lui, en donnant vie à un corps génératif, capable à son tour de prendre soin de ses enfants et de manière plus générale des nouvelles générations, permet la réalisation d'une *caring society*.

Une *traditio* ouverte de l'*ad-ventura* (« au futur »), basée sur le témoignage, visant à ce que la liberté de l'éduqué aille à la rencontre du réel avec une humble *curiositas*, en savoure la plénitude, ne se bloque pas face à la contradiction et à son mal et à celui des autres: c'est à cela que doit tendre, avec la contribution de l'entière communauté d'appartenance, toute communication du savoir. Depuis la plus élémentaire et la plus décisive, qui commence au sein de la vie de famille, jusqu'à celle de l'école et de l'université, et petit à petit pendant toute la durée de la vie.

Si le fait de prendre soin, demandé à toute éducation, requiert la capacité de conjuguer liberté – personnelle et communautaire – et réalité, on comprend comment la *liberté d'éducation* est un caractère distinctif auquel ne peut renoncer une société véritablement libre. Le degré de civilisation d'une société se juge surtout à partir du poids et de la liberté donnés au facteur éducatif par les institutions qui sont appelées à le promouvoir et à le garantir.

La *liberté d'éducation* mesure la nature authentiquement démocratique et populaire d'une société. Elle juge aussi par conséquent la capacité de l'État à exercer sa fonction de promoteur et garant d'une société civile où les personnes et tous les corps intermédiaires – avant tout les parents et les familles – peuvent exercer en pleine liberté, parmi les autres, le droit fondamental principal à l'instruction et à l'enseignement. Mais ce dernier demeurerait velléitaire s'il n'était associé au droit de constituer des associations et d'entreprendre des activités sociales, culturelles et économiques.

Le “mythe” de l'école unique

Si nous considérons maintenant la situation italienne, sans l'isoler du contexte général (surtout européen) ni des problèmes engendrés par les multiples, rapides et souvent douloureux processus de transition en cours, que dire de notre système scolaire et universitaire?

La liberté d'éducation est-elle objectivement garantie à tous les sujets qui ont le droit d'apprendre, auquel se rattache celui d'être chercheur et d'enseigner?

Je n'entends pas ici mettre en discussion la question de l'école catholique avec l'éternel problème d'une objective (et donc aussi financière) parité scolaire. Je m'interroge sur la liberté d'éducation dans notre école et dans notre université en général, en essayant d'évaluer le système pédagogique-universitaire en tant que tel. Je ne veux pas non plus grossir les rangs de ceux qui, désormais depuis des décennies, parlent de crise de l'école et de l'université. C'est là un lieu commun. Je veux encore moins sous-évaluer le travail que chaque jour, souvent avec une grande abnégation, parents, enseignants, élèves, personnel de service exercent dans les écoles de tout ordre et degré et dans cette action de « soin » réalise la véritable éducation.

Il me semble toutefois honnête de reconnaître que l'école et l'université italiennes doivent encore parcourir un long chemin de transformation pour garantir vraiment le droit à la pleine liberté d'éducation.

Il est avant tout nécessaire de surmonter un *facteur de blocage* qui du point de vue du principe – au-delà par conséquent des problèmes de structure et des problèmes contingents – empêche l'exercice d'une pleine liberté d'éducation dans les écoles de chaque ordre et degré et dans l'université de notre pays. Je le dis en utilisant une belle expression due à l'américain Charles Glenn: l'obstacle principal pour un changement innovateur de notre système éducatif est le *mythe de l'école unique* (*Il mito della scuola unica*, Gênes- Milan, Marietti, 1820, 2004). Ce modèle, au-delà de ses incontestables mérites historiques, subsiste aujourd'hui de manière déraisonnable. En effet dans une société fragmentée et plurielle comme celle d'aujourd'hui il est totalement inefficace.

Raisons historiques

Il est impossible de reconstruire ici, même seulement de façon schématique, l'histoire du modèle d'école unique existant dans notre pays. Il n'est toutefois pas difficile de reconnaître que les exigences, nées avec l'unité de l'Italie, de promouvoir la langue nationale et le sens d'appartenance à la nouvelle république, ont porté à concevoir l'école comme un lieu de formation du patrimoine de valeurs élémentaires communes du nouveau citoyen. Mais des perspectives "idéologiques" se sont imbriquées à ce modèle. Non sans accents anticatholiques aussi bien de la part de la *Droite* que de la *Gauche historiques*, les divers projets – qui eurent ensuite dans la célèbre réforme Gentile, substantiellement confirmée dans les principes par la constitution de 1947, le débouché le plus durable aujourd'hui encore dominant – ont toujours privilégié le modèle de l'école unique d'État, retenue comme la plus apte à garantir liberté et égalité.
L'école privée, quelle que soit son origine culturelle, a été et demeure essentiellement tolérée, quand elle n'est pas suspectée d'être un facteur potentiel de division. Le maximum qui lui a été consenti – la parité – comme dit le mot même, la relègue à être substantiellement une copie, plus ou moins réussie, de l'école unique d'État. Ce n'est qu'en 2000 – avec la loi 62 qui fonde le système scolaire national composé d'écoles d'État autonomes et d'écoles paritaires – que l'on reconnaît, du moins sur le papier, le rôle public de l'école privée. A bien y regarder, avec l'introduction de l'"autonomie" il serait absurde d'établir des distinctions liées au type de gestion. La validité d'une école autonome ne dépend pas du fait qu'elle est d'État ou indépendante, mais de son projet éducatif. Dans notre pays,

cependant, décentralisation et autonomie scolaire sont loin d'être achevées. Une forte réserve persiste quant à reconnaître que la diversité n'est pas seulement un risque, mais aussi une occasion d'enrichissement. Face aux compréhensibles obstacles réapparaît la tentation de s'en remettre aux décisions d'un centralisme qui libère des responsabilités inévitablement liées à l'exercice fascinant de la liberté.

Un devoir divers pour l'État dans le domaine éducatif : de la gestion au gouvernement

Quelle voie parcourir? Il n'y a pas d'autre route que celle du courage d'appliquer à fond, y compris au domaine de l'éducation, le *principe des libertés réalisées* toujours plus invoqué dans tous les secteurs des démocraties laïques et plurielles d'aujourd'hui. Cela seulement peut donner en fait pleine satisfaction au droit à l'éducation des parents et, à partir de la majorité, à celui des étudiants eux-mêmes. Droit qui, conjointement aux autres droits ci-dessus rappelés, permette à des organismes associés de promouvoir librement des écoles et des universités dans le pays. L'État doit renoncer en règle générale à se faire l'*acteur qui propose directement* des projets scolaires et universitaires pour laisser cette tâche à la société civile. Il doit s'attacher au contraire à garantir, grâce à des formes opportunes d'*accréditation*, les conditions objectives du respect de la Constitution, surtout l'équité dans le droit à l'accession et à la réussite, et la qualité des propositions formulées. L'État doit passer de la *gestion* au pur *gouvernement* du système scolaire-universitaire.

L'article 33 de la Constitution ne fait pas obstacle à ce choix. Ce qu'on appelle le *processus de Bologne* actuellement en cours pour les universités pourrait fournir des éléments utiles dans cette direction. Il est cependant nécessaire d'affirmer que les écoles libres, promues par de libres acteurs en vertu du principe de subsidiarité, devront appliquer aussi le principe de solidarité pour garantir l'accès effectif et qualifié de tout un chacun à l'instruction gratuite obligatoire et, à certaines conditions, à l'enseignement supérieur et universitaire. Et les organes d'État seront appelés, grâce au processus d'accréditation, à des vérifications rigoureuses.

Neutralité scolaire et hégémonie

Supprimer le blocage de l'école unique permettra d'annuler deux défauts qui ont marqué notre histoire et entachent notre présent dans le domaine délicat de l'éducation.

Je me réfère d'une part à une conception équivoque de la neutralité scolaire, souvent coupable, par ailleurs, d'avoir transformé écoles et universités en terrain de lutte pour l'hégémonie. On soutient que l'école ne peut être laïque que si elle est neutre, c'est-à-dire indifférente à toutes les "diversités", y compris les diversités ethniques, culturelles et religieuses, destinées à croître exponentiellement avec la présence massive d'élèves d'origine étrangère.

Et, chose tout à fait inacceptable, cette neutralité laïque de l'école est confiée à l'école "unique" d'État retenue comme le seul modèle en mesure de garantir une transmission de savoirs tendant à la coexistence démocratique harmonieuse basée sur des valeurs communes, les valeurs dites de citoyenneté.

À la juste objection selon laquelle aucune recherche scientifique au niveau de n'importe quelle science et donc aucun enseignement ou aucune étude ne peuvent être "indifférents" par rapport à la *Weltanschauung* du sujet, on croit répondre avec l'argument de ce que l'on appelle la libre confrontation entre les divers points de vue. Selon ses partisans, cette position, en consentant à chaque enseignant de réaliser sa synthèse personnelle, en exalterait la liberté.

Je ne prétends pas discuter ici cette thèse pédagogique, parce que je ne peux pas entrer dans le délicat débat relatif à la nature et aux méthodes de l'éducation. Notons cependant qu'il est toujours plus urgent à cause de la radicale mise en discussion du thème des valeurs et de leur communication. De grands pédagogues parlent à ce propos de crise désormais endémique de l'instruction. Il suffira de noter le fait que même les droits de l'homme et la démocratie – qui, dans la conception de l'école neutre unique, devraient en constituer le cadre portant – sont mis aujourd'hui à rude épreuve. Leur universalité "abstraite" ne réussit pas toujours à se concilier avec l'universalité "concrète" des cultures et des religions (particulièrement la religion islamique). Cette évidente considération suffit pour dire que les justes exigences, imprégnées du principe de laïcité décliné dans une démocratie procédurale, ne pourront pas non plus continuer à être confiées à une école "unique" d'État. D'autant plus que la croissante fragmentation et la pluralité de la société italienne, toujours plus lourde de contradictions, est destinée à aggraver démesurément la perte d'efficacité éducative d'institutions scolaires qui continueraient à subir l'inévitable rigidité de l'école unique.

En second lieu, l'école neutre et laïque réalisée comme école unique d'État a conduit à la pratique d'une hégémonie qui contredit en elle-même l'exercice des libertés dans une société vraiment plurielle. En effet, elle transforme l'école *de jure* publique en une école *de facto* privée parce que projetée, gérée et gouvernée par des groupes hégémoniques. Ce n'est pas le lieu de préciser ici qui a exercé cette hégémonie.

Les avantages substantiels d'un système scolaire libre

Laisser derrière nous le modèle de l'école unique pour choisir jusqu'au bout la route de l'exercice du plein droit à la liberté d'éducation reconnue aux sujets qui en sont détenteurs – *in primis* aux parents et aux familles – présente au contraire d'inégalables avantages. Je ne fais que les énumérer :

a- La liberté d'éducation peut avant tout mettre en mouvement la force pédagogique de la pluralité des corps intermédiaires qui agissent déjà normalement et se confrontent dans le pays.

b- En second lieu, elle peut finalement permettre une autonomie scolaire non formelle, mais qui s'exerce sur les matières, sur les programmes et plus encore sur le soin des sujets qui, comme nous l'avons dit, est le fondement de toute éducation.

c- En troisième lieu, elle peut relever le défi d'élaborer, avec une plus grande efficacité, une culture de synthèse, capable d'exalter toutes les diversités. Une telle école pourra mieux s'insérer dans le processus de "métissage" de civilisations pour l'orienter positivement.

d- En quatrième lieu, elle permet une saine émulation et confrontation entre écoles, dans la limite des conditions minimales fixées et contrôlées par l'État, pour éliminer les situations de carence, améliorer la qualité du système, faire un usage approprié des ressources économiques et atteindre l'excellence.

e- En cinquième lieu elle accélère l'inévitable processus d'intégration avec d'autres systèmes scolaires européens et, de plus, elle élimine définitivement l'anomalie faisant que l'Italie a été jusqu'en 2000 le seul pays, avec la Grèce, à identifier école publique avec école d'État.

f- L'État et les organismes locaux devraient aider les familles et les organismes intermédiaires à prendre conscience de leurs droits et à les exercer de façon créative, au lieu de continuer à se substituer à elles en les considérant comme éternellement incapables et nécessitant une tutelle.

Dans cette optique le droit à l'éducation serait reconnu à tous les sujets capables de telles entreprises scolaires et universitaires vraiment publiques, c'est-à-dire au service de tous. Toute école libre devra être *école de tous et pour tous*. Dans une société laïque vraiment plurielle, où la démocratie se fait par procédures, écoles et universités qui optent pour divers modèles pédagogiques peuvent en effet trouver place. Quelle que soit l'organisation qui les gère, il appartiendra à la liberté des parents, des étudiants et des enseignants d'opérer leurs propres choix.

Il serait méritoire que, en plus de l'État, toutes les institutions locales – région, département et commune – utilisassent toutes les compétences dont elles disposent et prissent plus directement en charge cette perspective.

En tous cas elle me paraît ne pouvoir être différée pour réunir les instances de libertés articulées, toujours plus pressantes de la part de la société civile.

Le sujet du savoir: unité pédagogique, pluralité d'institutions

Une totale liberté d'éducation, s'appuyant sur un système effectivement pluriel, est exigée aussi par la multiplicité et la complexité des disciplines où se trouve aujourd'hui l'objet des savoirs que l'école et l'université sont appelées à élaborer et à faire connaître. Cet état de choses oriente vers la formulation d'un "pacte éducatif", entre la famille, l'école et les divers sujets sociaux, culturels et d'entreprise, pour qu'ils contribuent à de libres projets éducatifs. L'éducation en effet est l'aboutissement d'un réseau de relations entre sujets éducateurs. Elle est avant tout *un fait "choral" non pas une fonction spécialisée.* Cela n'exclut pas, mais, au contraire, comporte, la nécessité de distinguer devoirs et responsabilités entre les divers sujets. Il serait irréaliste de lutter contre le dégré élevé de complexité et de différenciation, en imaginant un retour à des formes pré-modernes de communautarisme.

Une totale liberté d'éducation pourrait en outre permettre plus facilement cette unité du *sujet du savoir* qui me paraît inséparable du *prendre soin* qui, comme nous l'avons dit, soutient toute proposition éducative. L'unité du sujet du savoir s'appuie sur deux principes qui peuvent être acceptés par une société qui se veut véritablement laïque et plurielle comme la société italienne d'aujourd'hui. Le principe de la capacité de connaissance du réel et celui de la capacité de la raison humaine de l'héberger.

Les divers sujets (corps intermédiaires), qui dans une société vraiment démocratique jouissent d'une totale liberté d'initiative scolaire, sont en mesure de s'accorder facilement sur ces deux principes de base. En effet ces sujets, véritablement libres même s'ils sont liés à de particulières et parfois divergentes *Weltauschauungen*, sont absolument d'accord sur l'ouverture de la liberté humaine à la vérité. Ils divergent à la rigueur sur la mesure exacte de cette capacité ou sur le diamètre de cette ouverture ou sur la définition plus ou moins étroite ou large du terme *vérité*. Seul celui qui tomberait *dans l'idéologie absolue* – qui prétend affirmer, au nom de la liberté, l'absence de tout niveau, même minime, de vérité – arriverait à nier la possibilité d'une école vraiment libre. Mais une telle position suppose une société où la démocratie est purement idéologique et où la liberté a déjà substantiellement disparu. La route de l'école et de l'université libres, autonomes et plurielles chez les sujets, dans les programmes et dans les méthodes, mais accréditées par des organismes institutionnels nationaux et locaux en tout état de cause conformes à la Constitution, apparaît comme la voie pour une authentique modernisation du système d'instruction dans notre pays. Un tel système présenterait l'avantage de s'ouvrir au monde du travail et de l'entreprise selon des paramètres de flexibilité qu'on ne peut plus renvoyer. Droit aux études pour tous, excellence et méritocratie pourraient y trouver une synthèse plus facile.

Dans cette optique serait résolue du même coup l'éternelle question de l'école privée et avec elle l'injustice objective qui aujourd'hui contraint des milliers de familles à payer deux fois leur droit à la liberté d'éducation.

10
Homme-femme

Le “cas sérieux” de l’amour

L’extraordinaire alliance réalisée au cours des deux derniers siècles entre sciences et techniques – en particulier au cours des dernières décennies dans le domaine de la biologie – a provoqué dans la sphère de l’amour, du mariage et de la famille une série de séparations entre le couple et le mariage, entre la sexualité et la procréation, entre le couple et la situation de parents, entre la situation de parents et la procréation, et enfin entre le couple-famille et la différence sexuelle. Tout cela a été à l’origine de changements radicaux et a créé des situations inédites. Sous des formes contradictoires, non exemptes de coups de force et de violences, les sociétés avancées du nord de la planète sont soumises à un doute brûlant: la contraception, le divorce, la réalité des *single*, l’avortement, la procréation médicalement assistée, le clonage, l’homosexualité nous obligent à redéfinir radicalement les notions de couple, de famille et de géniteurs. En d'autres termes: les données scientifiques et techniques de ces séparations et leurs conséquences psycho-sociales révèlent-elles que l'unité entre différence sexuelle, amour et procréation – les trois facteurs inséparables de ce que j'aime définir le *mystère nuptial* – est un fait contingent – inévitable avant ces nouvelles découvertes – mais aujourd'hui surmontable? ou bien cette unité des trois facteurs possède-t-elle une valeur absolue?

Et de plus: sont-ils vraiment constitutifs de l'expérience de l'amour, du mariage et de la famille? Leur unité est-elle un bien objectif à maintenir à tout prix en évitant de céder à la logique intrinsèquement violente qui, partant de l'impératif technologique "si l'on *peut*, on *doit* le faire", conclut "si l'on peut séparer séparons"? ou le contraire n'est-il pas vrai: l'unité de *différence sexuelle, amour et fécondité* doit être reconnue et défendue d'autant plus aujourd'hui qu'il est possible d'en faire à moins? Comme un bien qui, en s'imposant davantage, met davantage en cause directement la liberté dans sa totale dignité de choisir, de façon consciente et critique, ce qui est bon.

En outre, au niveau de l'organisation de la société civile: le poids important de la liberté du sujet et donc de son désir, de ses éventuelles difficultés et ruptures, doit-il pousser le législateur à offrir à toute expérience particulière, y compris les expériences contradictoires, la reconnaissance d'un texte de loi?

La dernière question est devenue encore plus épineuse dans la phase historique actuelle qui a débuté après la chute du mur de Berlin. Aujourd'hui en effet le poids du langage juridique est absolument décisif. L'année 1989, comme nous l'avons vu, a symboliquement représenté la fin d'une conception de l'histoire entendue comme la réalisation progressive d'une idée absolue pensée *a priori*. Les deux idéologies qui ont ensanglanté le XXème siècle, surtout dans la conception léniniste de l'État totalitaire, ont donné vie à ce terrible mythe rationaliste de l'histoire et l'ont répandu. Toutefois, paradoxalement, la fin de cette conception de l'histoire a coïncidé avec le moment où le système économique et la civilisation des réseaux sociaux ont politiquement engendré une réalité de dimensions mondiales.

Dans ce cadre de mondialisation, le droit et l'économie sont en train d'enlever toujours plus d'espace à la philosophie et à la sociologie. Tous s'adaptent à leur langage: d'une certaine façon tous le parlent. Cela explique le paradoxe selon lequel dans une société où aucune valeur n'est exaltée autant que la liberté, les mailles des filets des règles et des lois se resserrent. Dans l'arène civile règne le critère pratique de l'*interdit d'interdire*, au moment où chaque désir subjectif prétend avoir le droit d'assumer le statut de norme / de loi universelle.

La thèse du *gender*

Sous notre question de départ se cache une autre question ancienne: celle du rapport entre nature et culture. A la question déjà touffue et complexe du rapport entre culture et cultures, c'est-à-dire, en d'autres termes, à la nécessité de considérer à la fois *pluralité* et *unité* culturelle, s'ajoute l'écueil inaccessible, je ne dis pas de définir la nature humaine, mais au moins d'en permettre l'identification autour d'un noyau dur. Depuis la philosophie grecque, on connait la polysémie de la notion de nature. Il en est de même pour la réticence progressive de la modernité, malgré ou peut-être aussi à cause du climat ambigu du jusnaturalisme, à parler de nature humaine, qui a fait choisir d'effacer ce terme dans le langage post-moderne.

Aujourd'hui la situation s'est aggravée avec la possibilité, acquise par l'homme grâce aux techniques biogénétiques, de manipuler la genèse de sa propre vie. Devrons-nous peut-être, comme font toujours plus souvent ethnologues, anthropologues et sociologues, nous résigner à faire coïncider le multi-naturalisme avec la dissolution de l'idée même de nature humaine? Où finit alors l'instance de l'unité qui, sans annuler le multiple, est toutefois constitutive de l'expérience élémentaire de l'homme?

Si le rapport nature-culture est conçu en termes dualistes, c'est-à- dire caractérisés par un extrinsécisme qui, de manière non-critique, les présuppose comme déjà complètement constitués avant qu'ils entrent en relation, il assumera la forme d'un élastique: plus on tire le bout de la nature, plus on ôte du terrain à la culture et vice-versa. Et ce jusqu'à ce que cela finisse par l'absorption d'un des deux bouts par l'autre. Il n'est pas demandé d'affronter ici dans l'abstrait la question nature-culture/unité-multiplicité. Il nous suffit de constater que cet étrange "tir à la corde" caractérise le débat concernant la valeur et la pratique du mariage dans nos cultures actuelles. On pourrait le documenter en examinant soigneusement les séparations citées ci-dessus, mais l'inévitable nécessité de synthèse qui nous est imposée par le contexte nous pousse à rechercher une catégorie qui les comprenne toutes. Depuis les années cinquante, elle a été objectivement élaborée dans le monde anglo-saxon par une réflexion toujours plus articulée sur le thème du *gender*.

Cette expression a été forgée pour désigner :

"le caractère sexué masculin ou féminin des identités, des rôles et des relations socialement construits, donc non biologiques, mais culturels, y compris les croyances, les perceptions, les préférences, les attitudes, les comportements, les activités exercées en général" (P. Donati, *La famiglia come relazione di gender: morfogenesi e nuove strategie* ; id. (éd.), Uomo e donna in famiglia. Quinto rapporto CSF sulla famiglia in Italia, Cinisello Balsamo, San Paolo, 1997, p. 25-91).

À l'origine, la catégorie de *gender*, dans le respect d'un rapport correct nature-culture, était considérée en relation avec la base biologique du sexe, mais aujourd'hui, à cause du déclenchement de ce dynamisme pervers auquel il a été fait allusion, elle risque toujours plus de la supplanter au point de l'abolir.
La pince-monseigneur de la catégorie de *gender* a désormais forcé la porte vers la modification radicale de la signification des pratiques individuelles et sociales qui concernent les délicates et essentielles réalités primaires de la différence sexuelle, du mariage et de la famille. Cette catégorie en effet, après avoir été employée, non sans quelques résultats positifs, pour mener le combat contre la discrimination de la femme, est aujourd'hui utilisée de fait pour justifier l'idée d'une sexualité variable complètement dépendante de l'inclination subjective et de la donnée culturelle. Pour parler de sexualité on ne pourrait ou on ne devrait faire aucun retour à une quelconque notion de "nature". L'individu ne se trouverait pas situé dans une différence sexuelle spécifique, mais pourrait choisir à quel sexe appartenir, voire de passer d'un sexe à l'autre. Le climat d'androgynisme où nous

plonge chaque jour davantage la vulgate médiatique est très révélateur de cet état de choses. Et la rapidité avec laquelle le principe de l'*interdit d'interdire* a imposé l'acceptation de ce climat dans la mentalité dominante en est l'éclatante confirmation.

La différence sexuelle, véritable axe portant du mystère nuptial parce que facteur dynamique et garantie universelle de la possibilité de l'amour et de la procréation, est présentée comme dépassable. Aucune donnée "naturelle" de nature biologique, aucune considération philosophique ni théologique ne semble avoir la force d'imposer la différence sexuelle comme non saisissable, comme une dimension qui n'est pas à notre disposition et donc, finalement, "indéductible".

Les tentatives, même motivées, de recourir à une idée dynamique de nature pour laisser de la place à tout le poids de la culture – et donc du caractère de la liberté et du désir de chacun – en reconnaissant la nécessité d'un processus de sexualisation se brisent inexorablement contre l'objection de naturalisme, de biologisme, de physicalisme soulevée par les nouveaux prophètes du *gender*. Pourtant ils ne disent pas comment il est possible de tenir ensemble unité et multiplicité. une question essentielle qui, si elle n'est pas affrontée, entraîne inexorablement la réflexion dans un forêt obscure où, au mieux, on ne peut qu'emprunter des chemins qui ne mènent nulle part (*Holzwege*).

Si la différence sexuelle est dépassable, la signification et la pratique de l'amour entendu comme don fécond de soi perdent leur étoile polaire: l'unité duale d'homme-femme. Tout en soutenant avec force la nécessité de ne pas diviser l'amour entre *éros* et *agapè*, mais d'en maintenir dans l'unité toute manifestation – de l'amour intra-trinitaire aux formes les plus dégénérées de l'amour vénal –, on ne peut renoncer à la référence à cet *analogatum princeps* dans l'expérience humaine de l'amour qui est l'homme-femme. L'unité duale d'homme-femme est originelle et pour cela nécessaire pour l'auto-conscience de chacun. Existe-t-il alors un passage sûr entre la Scylla du naturalisme fixiste et la Charybde d'un culturalisme en perpétuel devenir? L'homme d'aujourd'hui, terriblement jaloux de sa liberté et orgueilleusement attaché à l'affirmation de chacun de ses droits – réels ou présumés - peut-il se convaincre du bien-fondé de la thèse de l'unité intrinsèque de *différence sexuelle, amour et procréation* (le *mystère nuptial*)? Peut- on démontrer qu'elle explique de manière plus raisonnable et donc plus accomplie et convenable la réalité et les expressions liées à la sphère de l'affection, du désir et de leurs objectivations primaires (l'amour entre l'homme et la femme, le mariage et la famille) par rapport à leur fragmentation postulée de fait par un usage pour le moins incorrect de la notion de *gender* ? En résumé, sans vouloir en aucune façon limiter la sphère des droits de la personne ni juxtaposer mécaniquement la loi morale et la loi civile, est-il possible de substituer impunément, dans l'élaboration des lois civiles, une théorie absolutiste du *gender* à la thèse savante et séculaire du mystère nuptial qui maintient ensemble nature et culture, unité et multiplicité?

La voie principale de l'amour

Les réflexions contemporaines les plus sensées qui, très souvent, sont à la base des conceptions problématiques dominantes de la sexualité, du mariage et de la famille sont désormais arrivées à parler d'*auto-évidence de l'éros* (le mot évidemment est utilisé dans son sens étymologique objectif étroitement lié à l'auto-évidence du corps). Des auteurs comme Schopenhauer, Nietzsche et Freud ont souligné le caractère décisif de la référence à l'éros pour l'analyse de l'homme concret et sont arrivés à affirmer que l'expérience que l'homme a de son propre corps sexué est le point de départ privilégié pour la connaissance de la réalité humaine du monde. Le fait d'être situés dans la différence sexuelle exprimerait l'instantanéité de l'individualité d'exister (*Dasein*) et n'aurait pas besoin de justifications ultérieures. A la rigueur ce sont d'autres réalités, comme l'âme et l'esprit, qui doivent être justifiées, du moment qu'elles ne semblent pas évidentes ni à l'expérience humaine élémentaire ni aux formes culturelles dans lesquelles elles s'expriment.

Ces affirmations sont encore plus claires si l'on accepte l'invitation de l'école phénoménologique française à lire le thème du corps à partir de celui de la chair. Michel Henry et d'autres penseurs, partant de la distinction de Heidegger entre le corps et la chair – le corps peut être touché, mais à la différence de la chair, il ne se sent pas touché, il n'a pas la force de "se sentir sentant" - , proposent de lire le *phénomène érotique*[3] comme le plus expressif de l'auto-évidence de la chair ainsi entendue.

[3] Jean-Luc Marion, *Le phénomène érotique*, Paris, 2003.

Ces brèves indications suffisent pour faire émerger deux éléments décisifs pour notre sujet.

Le premier est celui, à propos duquel nous nous étendrons moins, du *caractère indépassable* de la différence sexuelle. Elle est vraiment *indéductible*, elle n'est pas à ma disposition parce qu'elle s'impose immédiatement à la conscience du *je* de la structure originelle ou fondement. De quelque manière que l'on veuille la définir – objet, différence ontologique ou donation de donnée (métaphysique, ontologie, phénoménologie) –, dans tous les cas elle dit que *quelque chose est donné à quelqu'un*. En ce sens la différence sexuelle renvoie à un noyau indestructible qui depuis l'origine de la pensée occidentale a été appelé *physis* (nature).

Et toutefois – c'est là le second élément – c'est justement l'auto-évidence de l'éros, qui s'offre à moi dans la chair parce que la chair "se sent sentante", qui me dit que mon être situé dans la différence sexuelle est donné, en dernière analyse, à ma liberté. Vivre dans cette différence n'est pas réductible à une simple séquence de comportements, mais appelle une autodétermination de soi. Or, dans l'acceptation libre de la différence sexuelle est impliquée une décision pour l'autre qui, en même temps, m'ouvre à une connaissance progressive de ma sexualité: c'est le processus de sexualisation. En ce sens on doit dire que la sexualité possède un caractère culturel dynamique sans pour cela tomber dans un culturalisme relativiste qui rend vaine la différence elle-même.

L'expérience de l'amour naissant et de tout ce qui en découle réclame cette structure articulée, quand, surprenant par son caractère d'événement insoupçonné, elle nous oblige à reconnaître, comme le suggère Marion, qu'il n'y a qu'une question intéressante, en mesure de "rassurer" chacun: quelqu'un m'aime-t-il quelque part? Surpris par la joie (c'est une heureuse expression de Lewis) pour l'absolu et gratuit excédent de la réponse, il peut se soustraire au sortilège de la *vanitas* de Qohelet et se libérer de l'ennui, le célèbre "monstre" de Baudelaire qui, sans bruits, "dans un bâillement avalerait le monde", en jetant sur la simple certitude des corps et de l'être sa question corrosive: à quoi bon? En effet, bien plus radicalement que la certitude que me donnent les choses, même celle d'un Être qui viendrait à ma rencontre par le biais des corps individuels mais sans m'aimer, la question qui me rassure est: est-ce qu'on m'aime?

Mais que dit l'amour naissant avec son imprévisible force déstabilisante et en même temps avec le pressentiment de nous rendre quelque chose qui d'une certaine façon nous est dû? Il met en mouvement le choix d'aimer la décision du *je* en faveur de l'autre. Il demande, enfin, la décision de *vouloir* le *devoir* de l'amour selon toute la hauteur, l'ampleur et la profondeur que l'amour même réclame. En ce sens, à bien y réfléchir, la différence sexuelle qui ouvre, comme nous l'avons à peine vu, à l'amour, est la voie maîtresse pour porter à terme l'action à laquelle Dieu a donné vie en créant l'homme, toujours et uniquement comme homme et femme. En découle pour la liberté humaine un devoir objectif, l'intime communion de vie et d'amour qui à son tour, en vertu de l'unité constitutive duale de l'âme et du corps, tend à engendrer la vie.

Tout organisme vivant situé dans un corps – pas seulement l'être humain – est par nature ouvert à la vie, mais aucune des conquêtes scientifiques les plus récentes n'a réussi à éliminer l'évidente, irréductible diversité entre la fécondité humaine et celle des animaux. Par la nature sacramentelle du corps, l'acte conjugal, en effet, est inséré dans un horizon spirituel, qui imprime aussi sa forme à tous les processus biologiques inconscients et préconscients qui pourtant le caractérisent. C'est pourquoi il est juste de distinguer, terminologiquement aussi, la reproduction animale de la procréation humaine. La procréation de l'enfant est, en elle-même, indépendamment de l'auto-conscience que l'homme et la femme en ont, privée de tout caractère reproductif, parce qu'elle naît de la sexualité humaine en tant que partie de l'*imago Dei*. Différence, amour, fécondité: les trois facteurs inséparables du mystère nuptial sont une propriété intrinsèque de chaque manifestation d'amour, depuis l'amour intra-trinitaire jusqu'à celle de l'amour vénal. S'ils sont considérés dans leur vérité, ils répondent aujourd'hui encore au désir profond de l'homme, tout perturbé qu'il soit par les blessures que présente toute expérience d'amour et tout perverti qu'il soit par les tentatives, plus ou moins cachées, mises en œuvre par la culture dominante, pour effacer l'"étrange nécessité du sacrifice" que comporte tout passion humaine authentique.

11

LE TRAVAIL DE L'HOMME

Dans le contexte de ce qu'on nomme la mondialisation nous pourrions peut-être appliquer à l'économie la constatation que Hegel faisait à propos de la technique: "une nouvelle technique est une nouvelle métaphysique". Et en effet aujourd'hui il n'est pas rare, même pour un profane, de rencontrer dans les pages culturelles d'un journal – au moins à travers les recensions – des études d'économistes qui envahissent des domaines autrefois réservés à des spécialistes d'autres savoirs sociaux, arrivant jusqu'à se poser les questions qui, en dernière analyse, conduisent à l'interrogation que l'on ne peut supprimer: "et moi qui suis-je?". Mais alors déclarer qu'"une nouvelle économie est une nouvelle métaphysique" ne revient-t-il pas, paradoxalement à, finalement, liberer la force prophétique de la mémoire?

En effet, traiter la question décisive: qui suis-je? comme une *proposition technique* ou *économique*, loin de dispenser de la nécessité d'affronter le niveau anthropologique et ontologique (disons « métaphysique »), revient à le prendre en considération dans toute sa force, en renouant les fils du présent avec le passé et en l'ouvrant au futur dont Dante dit avec justesse: “par ainsi ces lueurs à jamais seront mortes / lorsque de l’avenir Dieu fermera les portes” (*Enfer*, X, 106-108). C’est justement cette force extraordinaire de mémoire prophétique qui caractérise la doctrine sociale de l’Église, ses principes de réflexion, ses critères de jugement et ses directives d’action. La doctrine sociale nous permet ainsi d’envisager avec une sérénité constructive les nouvelles formes de l’économie d’aujourd’hui. Une entreprise culturelle qui peut légitimement être définie, à juste titre, comme vraiment *européenne* puisque, comme nous le savons, l’Europe est figurée dans l’Énée virgilien, Enée qui sauve la chaîne des générations (passé-présent-futur/mémoire-connaissance-prophétie) en greffant l’ancien sur le nouveau.

Parmi les plus importantes mutations qui, dans ces dernières années, ont concerné le domaine économique, il faut noter la modification du rapport entre capital et travail. De nombreux économistes, sensibles à la doctrine sociale, en sont arrivés à se demander si, avec le changement du cadre actuel de référence, parler de la *priorité* du travail sur le capital a encore un sens. Et a-t-il un sens de le faire dans les termes indiqués par l’encyclique *Laborem exercens* (n. 11-15)? Ou si la conception la plus articulée du système proposé par *Centesimus annus* (surtout n. 32-35; 43) est suffisante pour réaffirmer cette priorité? L’encyclique *Laborem exercens* proclame en effet la “ferme conviction du primat de la personne sur la chose, du travail de l’homme sur le capital entendu comme ensemble des moyens de production” (n. 13) et la nécessité d’assurer “le primat du travail et, par là, la subjectivité de l’homme dans la vie sociale et, spécialement, dans la structure dynamique de tout le processus économique” (n. 14). Aujourd’hui il est nécessaire de vérifier si ce principe est dépassé. En voulant reformuler la question en termes plus incisifs nous pourrions nous demander: les changements en cours dans la réalité socio-politique et économique ont-ils "balayé" cette affirmation comprise dans la doctrine de l'Église sur la primauté du travail? Essayer de répondre à cette question signifie affronter de façon non rhétorique la question de la valeur de la personne et du sens du travail.

Pour résoudre ces problèmes (nécessairement de façon schématique), il faut, d'une part, éviter une réaffirmation pure et simple de principe qui s'appuie sur des références éthiques et anthropologiques proposées comme tout à fait "extrinsèques" au terrain économique; d'autre part, cependant, se garder aussi de concevoir la sphère économique comme un monde refermé sur lui-même, autonome et absolu. Il faut donc montrer que l'économie, dans ses éléments constitutifs et dans ses articulations complexes actuelles, demande à demeurer en relation avec les sphères éthique et anthropologique. Pour être réaffirmée de manière convaincante, la priorité du travail sur le capital doit *convenir* (au sens fort) à la sphère économique elle-même et donc lui être intrinsèque.

Si l'opération réussit, la valeur du principe de subsidiarité se trouvera une fois encore confirmée. En effet l'affirmation de la primauté du travail implique nécessairement celle de la primauté du sujet personnel et communautaire, expressions essentielles de la société civile.

Le rapport travail/capital: les changements

Evidemment je ne suis pas en mesure de reproposer une analyse technique articulée des changements dans le rapport travail/capital. Il suffit de rappeler ici le fait que depuis que l'activité économique n'a plus dans le “système usine” sa colonne portante, un rapport équilibré entre État, capital et travail n'existe plus au niveau des relations sociales. D'autre part dans ce qu'on appelle le “marché global”, les acteurs ne “traitent” pas directement des hommes, mais des informations et des décisions d'assignation de capitaux. Nous devons enfin reconnaître que dans des sociétés complexes comme les nôtres les dynamiques économiques s'entrecroisent de façon toujours plus intense avec les dynamiques sociales. Il suffit, par exemple, de penser au secteur tertiaire ou à l'importance des comportements de consommation en ce qui concerne les activités et les résultats d'entreprise.

On peut comprendre comment, dans un tel cadre, les acteurs de l'économie soient tentés de ne pas se sentir mis en cause par les *principes de réflexion*, par *les critères de jugement* ni par les *directives d'action* depuis toujours chers à la doctrine sociale, parmi lesquels domine celui de la priorité du travail sur le capital.

La primauté du travail

Personnellement je demeure convaincu que, même dans ces conditions, il y a de bons motifs pour affirmer que le principe est encore valable. J'en cite trois.

Observons tout d'abord que réduire le travail à un simple facteur du processus de production – comme cela advenait dans l'ancien système usine, aujourd'hui effectivement dépassé – constituait déjà de par soi une réduction idéologique d'une juste conception du travail. La doctrine sociale l'a toujours nettement refusée. Selon la doctrine sociale de l'Église, en effet, le travail est l'une des deux dimensions constitutives de l'expérience humaine élémentaire (avec celle des passions):

"le travail est l'une des caractéristiques qui distinguent l'homme du reste des créatures dont l'activité, liée à la subsistance, ne peut être appelée travail; seul l'homme est capable de travail, seul l'homme l'accomplit et par le fait même remplit de son travail son existence sur la terre. Ainsi, le travail porte la marque particulière de l'homme et de l'humanité, la marque d'une personne qui agit dans une communauté de personnes; et cette marque détermine sa qualification intérieure, elle constitue en un certain sens sa nature même" (*Laborem exercens, Préambule*).

Pour l'anthropologie chrétienne, le travail – même dans ses aspects de fatigue et de contradiction – est une forme éminente de participation à l'œuvre créatrice et rédemptrice du Dieu de Jésus-Christ:

"Ces hommes et ces femmes qui, tout en gagnant leur vie et celle de leur famille, mènent leurs activités de manière à bien servir la société, sont fondés à voir dans leur travail un prolongement de l'œuvre du Créateur, un service de leurs frères, un apport personnel à la réalisation du plan providentiel dans l'histoire" (*Gaudium et spes*, p. 34).

Une confirmation d'une telle portée anthropologique du phénomène travail – et c'est là pour moi une deuxième raison de la permanente validité du principe – nous vient à juste titre de la réflexion récente sur la croissance économique, selon laquelle celle-ci n'est pas liée uniquement à des facteurs de production. En effet, l'accumulation de capital, bien que nécessaire, explique une partie vraiment minoritaire de la croissance économique, qui au contraire dépend, dans une mesure beaucoup plus importante, de l'efficience avec laquelle le travail humain sait utiliser les instruments de la production et de l'organisation. Il me semble que l'insistance avec laquelle les économistes parlent de *learning* et de *capital humain*, comme facteurs décisifs de la croissance, est une façon explicite de reconnaître la priorité du travail comme propre aux dynamismes strictement économiques. C'est donc l'économie elle-même qui impose l'urgence anthropologique.

En troisième lieu, au cours des dernières décennies, l'importance de la perspective institutionnelle s'est portée irrésistiblement au premier plan: le système de règles, normes et valeurs partagées dans lequel l'activité économique est appelée à s'exercer se révèle toujours plus décisif pour en projeter l'efficience. Les *bad laws* conduisent à une économie bloquée et asphyxiée. L'histoire, même récente, démontre que des comportements culturels simplement "redistributifs" et non créatifs ont décidé le destin divergent des nations, sous l'angle économique.

C'est ici qu'émerge, de l'intérieur de l'économie elle-même, l'instance éthique. Le projet institutionnel – qui se dessine non seulement à travers la participations au projet législatif, mais, surtout, à travers l'organisation de la vie sociale – est une expression ultérieure indéniable du fait que le "travail" humain a le pas sur le capital.

Bien que schématiques, les observations développées jusqu'ici nous montrent, avec une clarté suffisante, le caractère indépassable du principe de la primauté du travail sur le capital. Une primauté qui, bien qu'ayant ses racines dans l'anthropologie et dans l'éthique, apparaît clairement discernable à l'intérieur de la réalité économique même.
Quelle direction prendre alors pour soutenir de la façon la plus efficace la priorité du travail sur le capital? De toutes parts on souhaite l'institution d'une *gouvernance globale* fondée principalement sur le renforcement des règles générales de conduite de la politique économique et sociale. Ce système global aurait pour but d'assurer le respect des droits de l'homme dans le domaine économique. On observe en outre que ce but ne peut être atteint simplement à travers l'action des gouvernements nationaux, mais exige, en fait, la création d'un ordre mondial – global justement – qui puisse être respecté par tous.
La proposition tient compte certainement de la complexité de la vie économique actuelle – sans comparaison par rapport au passé -, mais aussi de l'inévitable dimension institutionnelle des processus de production, des marchés... De ce point de vue, la construction d'une nouvelle organisation institutionnelle dans le domaine économique constitue une tentative opportune qui doit à juste titre préoccuper les diverses forces concernées.
Je suis toutefois convaincu que cette perspective ne sera réalisable que si l'on aura le courage de la poursuivre jusqu'au bout en explicitant tous ses fondements. En effet – et c'est la thèse centrale que je veux proposer – l'économie exige non seulement l'éthique, mais aussi l'anthropologie. Les lois, en effet, sont appelées à faciliter

la vie publique. Leur travail consiste à ouvrir des routes et à en barrer d'autres, en indiquant la direction à prendre pour assurer à la vie économique, dans le cas présent, l'ordre nécessaire. Toutefois, notamment dans le cadre du positivisme juridique aujourd'hui dominant, il est nécessaire que cette dimension légale ait un solide fondement anthropologique. Les acteurs économiques ne peuvent se limiter à construire depuis le bas un cadre conventionnel de règles de comportement (même souple et respectueux des libertés individuelles et sociales, des sensibilités culturelles, des particularités religieuses des hommes et des peuples). Seule une proposition anthropologique complète entraîne la liberté de chacun et la pousse, à travers les corps intermédiaires, dans le cercle vertueux de la *vie bonne*, à la fois personnelle et sociale.

C'est l'objet direct de la doctrine sociale de l'Église. Elle nous enseigne que *l'économie exige l'anthropologie même avant l'éthique.* En effet, la vie économique demande une conception de l'homme et de la communauté sociale.

Pour être harmonieuse et capable de poursuivre son propre objectif, la relation économique devra donc se placer à l'intérieur de cet horizon intégral. Voilà le saut culturel que la doctrine sociale de l'Église entend remettre opportunément en discussion en reproposant, dans les termes d'aujourd'hui, la validité du principe de la priorité du travail sur le capital.

Activité économique et qualité des rapports

L'activité économique naît de la disproportion entre besoins et ressources. En d'autres termes, elle identifie l'activité de production, distribution et consommation des biens et des services avec le moindre gaspillage de ressources, afin de satisfaire le plus grand nombre de besoins humains. A partir de cette définition nous pouvons distinguer dans l'activité économique trois ordres de problèmes, qui cependant ne sont pas à considérer comme des domaines juxtaposés, mais plutôt comme des cercles concentriques. On peut pour cela parler de:

- une dimension de rationalité technique, établie par le rapport moyens-fins, besoins-ressources, typique de l'économie;
- une dimension sociale, établie par les relations et l'interdépendance réalisées par les activités économiques: chaque décision économique crée des rapports et des effets sur les personnes;
- une dimension éthique, établie par le caractère humain de la vie économique: l'activité économique est en effet une œuvre de l'homme, à l'avantage de l'homme, et elle est aussi une réalité qui a des répercussions sur sa vie et sur sa façon de penser.

Les trois dimensions s'entremêlent à l'intérieur de l'horizon anthropologique commun.

On voit alors comment la vie économique ne représente pas une dimension purement technique (grâce à laquelle seuls les économistes seraient seuls compétents pour parler d'économie), mais prend plutôt la forme, précisément en tant qu'activité humaine, d'une réalité polymorphe, nécessairement portée à exercer la réflexion anthropologico-morale. De là vient que la science économique ne peut être considérée comme "science objective" qui fasse abstraction du sujet et de ses comportements, même si la naissance de l'économie, en tant que discipline, a été pensée et poursuivie de cette façon dans la réalité moderne.

Tout en retenant que, dans ce domaine, l'identification du bien moral ne peut pas négliger la nécessité d'atteindre l'objectif économique – créer et distribuer biens et services pour l'homme en réduisant le plus possible les coûts, produire richesse et profits –, la vie économique toutefois ne s'identifie pas à un rapport abstrait entre moyens (biens et ressources) et fins (besoins). Elle signifie toujours aussi une rencontre entre personnes et un rapport d'échange, qu'elle ait à faire avec le domaine de la production ou avec celui de la distribution et de la consommation. Elle implique toujours un ensemble de choix et de décisions qui se répercutent sur autrui. En ce sens on doit parler d'une dimension anthropologique personnelle et sociale (rapport inter-humain par le truchement des choses et des prestations) constitutive de l'activité éthico-économique.

Si nous appelons *activité éthico-économique* cette façon de se structurer qu'ont les relations interpersonnelles par le truchement des choses et des prestations, alors, justement à cause de la forme multiple des facteurs en jeu, elle ne peut éluder deux questions décisives.

La première: quels besoins, pour quelles personnes et avec quelles modalités les satisfaire?

La seconde: quelle est la nature des rapports que l'activité économique est appelée à promouvoir?

Dans un cadre économique complexe comme l'actuel, il s'agit de sauvegarder – en faveur de chaque personne, des corps intermédiaires et de tout l'ensemble social – la qualité vraiment humaine des besoins et la relation correcte entre liberté et fonction critique.

Economie, éducation et politique

Le facteur déterminant que les analystes sociaux et économiques doivent tenir en grande estime pour garantir l'adéquate dimension éthico-anthropologique que demande l'économie – celle qui reconnaît le principe de la primauté du travail sur le capital –, s'appelle *éducation*. Quelle éducation est aujourd'hui concrètement possible pour valoriser pleinement les dimensions de l'activité "laborieuse" décisives pour les dynamiques sociales et pour la croissance économique elle-même? Ce qui revient à dire: comment garantir, concrètement, le principe de la priorité du travail?

La réponse à cette question, qui met en jeu les deux points fondamentaux de la doctrine sociale – la solidarité et la subsidiarité – doit concerner tous les acteurs socialement importants: la personne, les corps intermédiaires, la société civile (et pour cela aussi l'"entreprise") et l'État.

C'est là une œuvre de culture et de civilisation. Une nouvelle culture commence quand le sujet est posé. Le sujet nouveau est l'aube d'une nouvelle civilisation. Certes, l'aube seulement, mais, comme nous l'a récemment rappelé le penseur équilibriste George Steiner, l'Occident, c'est-à-dire la terre du couchant, a aujourd'hui plus que jamais besoin d'une culture de l'aube, synonyme d'une nouvelle naissance.

12

Économie et nouveaux styles de vie

Quelle économie?

À quel titre un évêque peut-il se charger de tenter de répondre à la question : *quelle économie*? Il n'est certainement pas un expert dans ce secteur de la société humaine. Son avis, en l'occurrence, ne vaut certes pas plus que celui du citoyen ordinaire. Qu'y a-t-il, alors, en jeu dans une telle question, qui puisse pousser à accepter la proposition de se pencher sur elle? En toute simplicité, on peut dire peut-être que l'intérêt est éveillé par cet interrogatif : "quelle". Prise dans son ensemble, la question : *quelle économie?* ne comprend pas simplement des aspects de caractère technique propres aux "sciences économiques", mais oblige à considérer la nature et la qualité pour ainsi dire "éthique" de l'économie".

Un observateur attentif ne peut pas ne pas remarquer un inconvénient qui entache depuis toujours toute éthique pratique et théorique et qui s'est aggravé à notre époque. Je pense à la grande difficulté de réunir un consensus d'expérience et de culture sur les critères fondamentaux de l'évaluation éthique elle-même. Ce grave *handicap* empêche les individus et les peuples d'identifier les causes qui méritent un engagement au niveau de la vie personnelle et de la vie publique. Comment faire face à cet état de choses? Concrètement cela signifie que, pour conduire la liberté – je souligne *la liberté* et je me réfère à la liberté de chacun – à faire aussi son devoir dans le domaine économique, il faut montrer le charme, l'intérêt de *nouveaux styles de vie*. Mais comme cela a été plusieurs fois répété tout au long de l'histoire de l'Occident, *le style, c'est l'homme*. S'il en est ainsi, seule une proposition anthropologique complète peut mettre en mouvement la liberté de chacun et la pousser, à travers les corps intermédiaires, dans le cercle vertueux de la *vie bonne*, à la fois personnelle et sociale. Donc, encore avant l'éthique – il faut le répéter – l'économie réclame l'anthropologie. La vie économique, en effet, met en jeu une conception de l'homme et de la communauté sociale.

Pour être harmonieuse et capable de poursuivre son propre objectif, la relation économique devra donc se placer à l'intérieur de cet horizon intégral. Voilà le saut culturel que l'enseignement social de l'Église, trop souvent sous-évalué, voire méprisé, a entendu et entend proposer. C'est en tout cas le terrain sur lequel je veux situer mes observations assez décousues.

Quelle anthropologie pour une économie éthique?

Au-delà de sa formulation, la question anthropologique est, dans un certain sens, très simple. Elle est en effet à la portée de tous, l'objet étant d'une expérience élémentaire. Chaque homme, chaque jour, joue sa liberté dans chaque circonstance et dans chaque rapport, à partir des affections et du travail. L'horizon intégral réclamé par la question sur l'économie nous est offert par une anthropologie qui sait se charger de la nature *dramatique* (du grec *drao*, j'agis) du moi.

En vertu de cette nature, le *moi* existe toujours dans une unité duale où l'on remarque trois polarités constitutives: esprit/corps, homme/femme, individu/communauté. L'homme est *un* d'âme/corps, d'homme/femme, d'individu/société. Chaque homme (âme-corps), à partir des affections (homme-femme) et du travail (individu-société) expérimente que son "moi" est *unum* qui vit toujours d'une indépassable polarité (tension), une polarité qui ne brise pas l'unité, mais qui lui ôte toute prospective.

L'*unum* que je suis se réalise continuellement dans le jeu passionnant, trépidant et subtil de ma liberté: le *moi* est toujours en action, l'anthropologie est en elle-même dramatique. Dans ce cadre émerge le grand poids de la relation. Elle demande que la différence (l'autre est toujours le différent) soit pensée positivement et non exclue, comme cela s'est souvent fait à partir de la modernité, jusqu'à parler de la "fin du sujet". La différence, en effet, est l'école de l'altérité, qui, à son tour, n'est pas pure extériorité, mais, qui précisément en vertu de l'enchaînement des polarités constitutives, est en un certain sens intérieur à l'identité du *moi*. L'*autre,* sans cesser d'être tel, est d'une certaine façon placé à l'intérieur du *moi* ; l'expérience de la différence – aux divers niveaux mais surtout à celui des polarités constitutives – est là constamment en train de nous le rappeler. Tout contact avec l'autre implique un déplacement (*dif-ferre*) du *moi*. Même la relation économique n'échappe pas à cet état de choses objectif. Pour être harmonieuse et capable de poursuivre son propre objectif, la vie économique devra se placer dans cet horizon intégral. Du reste, si je ne me trompe pas, des études économiques et sociologiques récentes arrivent à parler de l'importance économique des *relations*. Non seulement parce que les activités économiques donnent lieu à l'établissement de relations et à une interdépendance – toute décision économique crée des rapports et des effets sur les personnes –, mais parce que les relations en elles- mêmes ont un poids économique. Je voudrais tout de suite relever ceci : le fait que l'économie, selon sa logique interne, exige l'anthropologie met en évidence, non seulement l'inévitable racine éthique, mais dit tout de suite qu'il est impossible de faire l'impasse de cette question quant à la *validité* de l'économie elle-même. *La question écologique, en effet, est par nature anthropologique*. L'opposition entre économie et anthropologie – à qui est dû en grande partie aussi le gâchis écologique – ne tient pas compte de la première polarité fondamentale identifiée par l'anthropologie dramatique convenable. En effet l'homme, qui est *un* de corps et d'âme (*Gaudium et spes*, n. 14), est constitutivement rapporté au cosmos, à l'environnement : pour se dire lui-même il doit dire le cosmos, l'environnement. Ma liberté, expression de l'unité duale âme-corps, est toujours ouverte à la transcendance, à cause de l'esprit, mais, par le corps, elle est structurellement inscrite dans le monde. On comprend alors que la sauvegarde de la création comme le "développement durable" est une dimension constitutive de l'anthropologie. Le corps correctement compris est symbole (sacrement) de toute la personne. Il est concentration du cosmos et en même temps le cosmos en est en quelque sorte le prolongement.

La proposition d'une anthropologie convenable ici rappelée comme l'horizon intégral qui permet de répondre parfaitement à la question *quelle économie?* risquerait de demeurer abstraite, si elle n'était articulée organiquement en quelques principes de réflexion, critères de jugement et directives d'action. Je me limiterai à proposer trois suggestions qui, à mon avis, peuvent servir de cadre à des développements ultérieurs, en répétant que ma réflexion ne peut être celle d'un technicien en la matière et, encore moins, ne prétend pas épuiser les questions considérées.

Nouveaux styles de vie

Pour conjuguer anthropologie, éthique et économie compatible, il faut proposer de *nouveaux styles de vie.*

À la racine de cette proposition cependant – nous l'avons déjà observé – il ne peut y avoir *in primis* la peur, pas même celle que provoque l'approche d'une grave menace pour la survie de la planète Terre. Ce n'est pas avant tout de la défaite du mythe du progrès ni de l'idéologie du développement économique que peut naître une telle proposition. J'en ai déjà donné la raison: pour faire avancer l'homme, il ne suffit pas de le placer face au choix entre le juste et l'injuste. Il faut, comme nous l'enseigne la grande tradition biblique, accepter l'invitation de Dieu: “Je te propose la vie ou la mort, la bénédiction ou la malédiction. Choisis donc la vie" (*Dt* 30,19). Mais la vie, le bien m'est cher, parce qu'il me fascine, parce qu'il est beau et que le beau est la splendeur du vrai. Même dans le cas où la doctrine trumanienne du développement se révélerait valable, l'intérêt de proposer à des femmes et à des hommes d'aujourd'hui de nouveaux styles de vie ne s'éteindrait pas pour autant. D'où peut donc provenir la raison convenable d'une telle proposition? Finalement du seul fait qu'elle est conforme à l'expérience élémentaire de l'homme. Des styles de vie qui, conjuguant harmonieusement affection et travail – qui trouvent dans le repos le facteur à la fois équilibrant et significatif –, permettent de vivre au mieux une *vie bonne*, sont convaincants parce que fascinants, plus encore que justes. Roland Barthes, dans des leçons tenues au Collège de France, entre 1976 et 1978, proposait une récupération, appropriée à nos jours, du temps et de l'espace *vibrés*, justement de l'*ora et labora* monastique. Les chrétiens ne devraient-ils pas aussi proposer avec force à tous leurs "frères hommes", en plein respect de la liberté de chacun, le style de vie de Celui qui a vécu l'expérience de l'humain?

Les mots du n. 22 de *Gaudium et spe*s – "en réalité, le mystère de l'homme ne s'éclaire vraiment que dans le mystère du Verbe incarné" – indiquent de manière très synthétique la source des nouveaux styles de vie. Il s'agit de l'exigence intérieure d'exprimer (*style* comme forme, comme *Gestalt*) la nouveauté de la vie définie plusieurs fois par Paul comme l' "exister – par grâce – dans le Christ" (I *Cor* 1, 30). On doit utiliser le pluriel – *styles* – parce que la nouveauté qu'est Jésus-Christ s'exprime et se communique en passant par la liberté créée des hommes. Le Seigneur exprime sa gloire sous de multiples formes (styles) qui permettent à tous les hommes de reconnaître le charme et la beauté de la Vérité-Bien. L'acceptation de cet inévitable pluriel évite au chrétien de tomber dans le piège de l'utopie qui finit toujours par être exposée à la violence et le rend conscient du patient travail qui est nécessaire pour se libérer de l'inévitable passage par l'idéologie. Pour cela les styles doivent être proposés avec ténacité, mais proposés à la liberté, dans le plein respect de l'opinion d'autrui. Proposer implique éduquer. Eduquer exige de s'auto- exposer, de témoigner en respectant et en attendant les choix et les temps de l'autre.

Styles intégraux de vie

Très rapidement je voudrais traiter une question qui rend évidente la nécessité de l'horizon anthropologique intégral auquel je me suis référé. Il s'agit de ce que, peut-être un peu trop franchement, nous pouvons appeler le retour de l'idéologie malthusienne concernant l'explosion démographique. Les études démographiques les plus poussées ont en effet démontré la fausseté de la thèse néo-malthusienne qui prévoyait, après les années Soixante, une croissance démographique qui aurait inévitablement conduit à une catastrophe humaine, économique et écologique. Or au contraire, fortes de cette thèse néo-malthusienne, des organisations nationales et internationales ont favorisé et continuent de favoriser la conviction que le développement des pays du Tiers monde dépendrait de manière absolue de la possibilité ou non de freiner leur croissance démographique. Ces organisations ont imposé des politiques démographiques gravement injustes basées sur des pratiques contraceptives et de stérilisation sur une large échelle. Le Saint-Siège, en référence au Magistère de l'Église, s'est opposé de manière résolue et continue à cette idéologie, non seulement pour des raisons éthiques, mais surtout en vertu d'une anthropologie adéquate, c'est-à-dire au nom de la vie bonne.

Oui, la recherche d'une économie appropriée et vraiment durable au moyen de nouveaux styles de vie, qui réponde de manière parfaite à cet horizon intégral anthropologique auquel je me suis référé, ne peut pas ne pas impliquer une critique aiguë de cette idéologie néo-malthusienne et en conséquence ne peut pas éviter de s'engager en faveur d'une culture de la vie qui soutienne et promeuve des initiatives concrètes d'éducation et de prévention. L'éducation à une paternité et une maternité responsables par exemple à travers les méthodes dites naturelles –, de même que la défense de la vie par la conception de la mort naturelle et l'attention portée aux enseignements de l'Église dans le domaine bioéthique (y compris celui des biotechnologies) ne peuvent pas ne pas avoir, à l'intérieur de la proposition de nouveaux styles de vie, une place adéquate.

Marché et consommation immodérée

Proposer – et proposer de manière intégrale – de nouveaux styles de vie, signifie poursuivre la *vie bonne* dans la double et indépassable dimension personnelle et sociale. Pour cela celui qui entend promouvoir l'expérience intégrale de l'homme est appelé à promouvoir simultanément la vérité de sa propre personne, de ses rapports primaires, du bien commun à toute la société civile. Voilà que reviennent les trois polarités constitutives: l'homme est *un* comme âme-corps, homme-femme, individu-communauté. L'anthropologie dramatique est intégrale: si elle tombe dans un de ses aspects constitutifs, elle est destinée à tomber tout entière. Si, comme nous l'avons vu, on ne peut longtemps avoir des politiciens corrompus sur le plan personnel, mais excellents dans l'action gouvernementale, de même on ne saurait avoir des hommes parfaits si l'on travaille pour la crédibilité, pour le bilan de justice, pour l'éthique bancaire, pour le bilan social des entreprises et des communes, sans protéger en même temps la vie des plus faibles et sans défense ou sans promouvoir les corps intermédiaires – authentiques richesses de la société civile – à commencer par la famille. La vie bonne doit être poursuivie sous tous ses aspects. Elle se heurte certainement à un grave obstacle, la mentalité toujours plus répandue d'une consommation immodérée.

Le marché est une institution sociale, il ne caractérise pas un phénomène naturel. En ce sens il demande à être créé, défendu, élargi ou restreint en fonction d'une *vie bonne* authentique, respectueuse des droits de la personne et des peuples enrichis par la diversité qui accepte les différences sans perdre la référence à la commune appartenance à l'humanité. Encore une fois, cela est la conséquence naturelle d'une conception adéquate de l'anthropologie. Le marché vit donc sur des fondements sociaux, culturels et légaux. Or, dans notre société, surtout dans celles du Nord opulent de la planète, à partir des années Soixante, en raison de l'accumulation de processus complexes liés au développement accéléré du binôme sciences-techniques, une pernicieuse alliance s'est produite entre marché et libéralisme.

L'encyclique *Centesimus annus* parle à ce propos de *consommation immodérée* (n. 36-37).

Dans l'optique de la consommation immodérée, seules les valeurs de marché sont des valeurs socialement importantes. Les valeurs qui ne sont pas par nature commercialisables (comme la sexualité, le corps humain, la dignité humaine, la vérité, la culture et la religion elle-même) sont tenues pour peu importantes, quand elles ne sont pas structurellement altérées afin d'être commercialisées. L'encyclique n'affirme pas seulement que cette alliance entre marché et libéralisme est incorrecte, mais ajoute qu'elle conduira à des crises irréversibles. Une société vraiment libre a besoin de personnes responsables, responsables aussi en qualité de consommateurs. Capables de travailler, et pour cela attentifs aux affections, à la famille moralement saine, aux corps intermédiaires. Proposer de nouveaux styles de vie signifie alors travailler pour briser l'inacceptable alliance entre marché et libéralisme et y substituer l'alliance entre marché et solidarité.
Pour cela s'avère nécessaire et urgente une grande œuvre éducative et culturelle, qui comprenne l'éducation des consommateurs à un usage de responsabilité de leur pouvoir de choix, la formation d'un sens élevé de responsabilité chez les producteurs et, surtout, chez les professionnels des mass media, avec la nécessaire intervention des autorités publiques (*Centesimus annus*, n. 36).

13
Le repos

La pro-vocation de la beauté

"La beauté met au travail et le travail est pour renaître". Il me semble que cette intuition du grand poète polonais Norwid touche le cœur de la question du repos, dont elle dessine dans une puissante synthèse les facteurs essentiels. Aucun appel n'exerce sur l'homme un plus grand attrait que celui de la beauté. Les millions de voyageurs qui du monde entier affluent de manière ininterrompue à Venise, dénommée à juste titre "cité de l'humanité", sont là pour le prouver. A travers le beau, la liberté est pro-voquée au vrai et au bien auxquels le cœur de tout homme aspire. Mais si on n'en maintient pas la perspective intégrale, la beauté n'est jamais vraiment atteinte: le signal d'alarme qui nous le signale est l'insinuation de l'ennui.

Il peut sembler paradoxal qu'en vacances, finalement libéré de la quotidienneté, dans un temps exempt du poids des obligations professionnelles, on puisse ne pas faire l'expérience régénératrice du repos. Et pourtant des données statistiques inquiétantes parlent de dépression ou de stress de vacances. La vraie beauté ne s'éteint pas dans la passivité oisive, elle n'est pas une sorte de narcotique de la vie, mais elle met en mouvement. De là le nœud vital, identifié par Norwid, entre le mot *beauté* et le mot *travail.* Un engagement de la liberté pour exalter le *moi* dans son unité et dans sa plénitude, et non pas pour le déprimer dans une réduction qui à la longue le suffoque. Malgré un souci exagéré de bonne santé à la tyrannie duquel nous nous soumettons dans l'illusion de renvoyer indéfiniment l'échéance de la vieillesse et de la mort, nous, Occidentaux du troisième millénaire, sommes contraints de reconnaître que peut-être il y a quelque chose de vrai dans l'accusation de décadence, d'une sorte de décrépitude de l'esprit que les "autres" nous portent.

Pour régénérer le *moi*

La parole *repos* renferme en elle-même le sens d'une pause, une halte qui re-crée (*le travail pour renaître*). Nous avons déjà dit que la question anthropologique la plus radicale n'est même pas le cri léopardien "*et moi qui suis-je?*", mais celui que Jean-Luc Marion exprime ainsi: "*Et-ce que finalement quelqu'un m'aime?*". Seule la réponse à cette question rassure.

En un certain sens on peut donc dire que, pour reposer vraiment, je dois faire l'expérience du gratuit. C'est-à-dire, à la fin, d'être aimé de manière inconditionnelle, tel que je suis, parce que j'existe. Depuis toujours chaque homme, sous quelque latitude ou longitude qu'il se trouve à vivre, sait reconnaître le timbre incomparable de la gratuité.

Dans le *tu destante*[4] de la mère qui lui sourit, le *moi* de l'enfant reçoit cette première reconnaissance initiale qui lui permet d'exister matériellement. Il est généré et continuellement régénéré. Ce qui en impose l'évidence, c'est l'expérience élémentaire que fait chacun de nous. Des trois éléments constitutifs d'une personnalité mûre – passions, travail et repos – c'est le troisième qui met en équilibre les deux premiers, il les remodule parce qu'il les place dans la juste hiérarchie. Pour cela l'Église, vraiment experte en humanité, a voulu qu'au cœur de la semaine il y eût le dimanche et au cœur du dimanche l'Eucharistie, c'est-à-dire le sommet de la gratuité du Créateur pour sa créature. Son amour est sans réserves et sans calcul, même pas celui de la réciprocité: "le Christ, alors que nous étions encore pécheurs, est mort pour nous." (*Rm* 5,6). Saint Ambroise observe avec perspicacité dans l'*Hexaméron*:

"grâce donc à notre Seigneur Dieu qui fit une œuvre où il pouvait trouver le repos. Il fit le ciel, mais je ne lis pas qu'il s'y soit reposé, il fit les étoiles, la lune, le soleil et là non plus je ne lis pas qu'il s'y soit reposé. Je lis, au contraire, qu'il fit l'homme et qu'alors il se reposa ayant en lui quelqu'un à qui il pouvait pardonner les péchés".

[4] *Toi qui es en éveil*, expression maternelle pour un petit enfant (NdT).

Evasion ou divertissement?

Comme le dit l'étymologie même du mot, *vacance* signifie libérer un espace et un temps de ce qui les remplit normalement. Les vacances, bon gré mal gré, *dés-occupent.* Par leur nature elles *di-vertissent*, c'est- à-dire elles font tourner dans une autre direction par rapport à celle où, presque par inertie, nous sommes placés par le rythme des circonstances inévitables de notre quotidien. Mais si le divertissement est réduit à une simple évasion de la réalité, la réalité qui est têtue finira tôt ou tard par prendre sa revanche. Malgré le feu roulant des messages contraires avec lesquels les mass media nous assaillent, le repos ne s'identifie pas avec la fuite de ce qui forme la trame de notre vie réelle.

Le repos c'est plutôt s'éloigner de cette réalité pour la pénétrer jusqu'au fond. Pour réussir à bien voir un tableau, je ne peux me mettre à deux centimètres de lui, mais je dois me détacher et le regarder d'une certaine distance. Le "détachement" du repos sert à prendre une distance du rythme habituel de la vie pour l'éclairer, pour mieux percevoir le sens des affections et du travail. De là le rôle fondamental du silence, l'espace vital de cette distance qui me restitue la possession des circonstances et des rapports dont est entre-tissée ma vie.

Un temps vibré

Au Moyen-âge la différence entre le rythme de vie de l'abbaye bénédictine et celui de la vie fébrile de la ville n'était certainement pas déterminée par la *fuga mundi*, mais exactement par le contraire. C'est justement pour une *renovatio mundi* qu'avait été créé ce lieu exemplaire où la cité pouvait se regarder, pour se retrouver et en être régénérée. Selon le rythme d'autrefois scandé par l'*ora et labora*, les moines patiemment reconstruisaient le *cosmos*, cet univers ordonné et laborieux qui repose l'esprit, en le sauvant du *chaos* qui l'use jusqu'à le détruire.

Dans un certain vrai sens – fût-ce avec une grossière approximation – on peut dire qu'aujourd'hui le temps du repos et de la fête est appelé à partager le même "temps vibré" (l'expression est de l'anthropologue français Roland Barthes) sur le modèle de l'abbaye bénédictine. Nous chrétiens de ce début tourmenté du nouveau millénaire avons devant nous le fascinant travail de Benoît et de ses moines à l'aube du Moyen-âge.

14

L'ENVIRONNEMENT ET LA COMMUNAUTÉ HUMAINE

"Du fond de la mer..."

"Mais du fond de la mer / parmi les mâts, squelettes d'anciennes forêts / Surgit la volonté: comme si dans la nuit / l'amiral allait dans l'arsenal au qui-vive / doubler le nombre des galères", prophétisait, déjà au début du XXème siècle, Rilke. Les vers du poète suggèrent l'urgence immédiate d'un engagement renouvelé des Vénitiens à l'égard de leur environnement singulier. D'une manière certainement unique au monde, à Venise, depuis le "miracle" initial opéré par qui la fit peu à peu surgir des eaux, tout au long du déroulement des siècles de sa glorieuse histoire, jusqu'à son rôle actuel de *cité de l'humanité*, d'« aimant de l'Europe et du monde » – comme la définissait l'abbé napolitain Diego Zunica –, la nature, dans ses quatre éléments de présocratique mémoire – terre, air, eau, feu –, et la culture ont dû se tenir par la main.

Comment le peuple qui vit à Venise est-il aujourd'hui appelé à affronter le problème de l'environnement ? Répondre à cette question comme non-technicien demande à chacun d'exposer directement son propre témoignage. Je me limite ici à rappeler quelques nécessaires affirmations de fond, capables d'orienter l'expression personnelle des chrétiens (et des autres), base sûre aussi pour les savoirs scientifiques impliqués de façon interdisciplinaire sur ce thème.

Maison et ressource pour l'homme

Dans l'Ecriture sainte, l'environnement où l'homme a vu la lumière est décrit dans les termes d'un jardin (en grec *parádeisos*), un lieu de beauté où il vivait en harmonie ses rapports constitutifs avec Dieu et tous les autres êtres qui peuplaient l'univers (dans le jardin d'Eden "[Dieu] se promenait pour parler avec eux à la brise du jour", *Gn* 3,8). Du reste les récits des diverses cultures sur les origines reproposent ce thème avec d'impressionnantes analogies. Une brève référence à un repère de la culture occidentale suffira à titre d'exemple. Dans le livre VII de l'*Odyssée*, Ulysse est accueilli dans le jardin d'Alcinoos et cela marque son retour dans le *cosmos* de la civilisation après le *chaos* de ses dramatiques aventures d'exilé. Le jardin d'Alcinoos est prophétie d'Ithaque, la *demeure*, le lieu et l'environnement sûr de ses liens constitutifs.

La nécessaire *metanoia* demandée aujourd'hui à l'homme dans son rapport avec l'environnement exige plus que jamais ce que Husserl attendait de l'homme contemporain: un retour à la réalité même.

Le rapport avec l'environnement, en effet, appartient à l'expérience humaine élémentaire. Il faut reconnaître que "la relation de l'homme avec le monde est un élément constitutif de l'identité humaine. Il s'agit d'une relation qui naît comme fruit du rapport, encore plus profond, de l'homme avec Dieu."(*Compendium de la doctrine sociale de l'Église*, n° 452). Il ne viendrait à l'idée de personne de vouloir s'en passer. Toutefois – comme cela arrive pour de nombreux autres aspects de l'expérience humaine élémentaire – normalement nous en tenons les raisons pour acquises jusqu'à les perdre.

En quoi consiste le rôle décisif de l'environnement pour l'homme et la famille humaine? Pour répondre à cette question en termes généraux, il suffit de se reporter à deux données essentielles.

Avant tout, il faut reconnaître que le lien entre chaque homme et le peuple auquel inévitablement il appartient passe par la *terre*. C'est là que se trouve la dernière racine de l'attachement à la *patrie* (la terre des pères); communauté humaine autant que concrète « géographie » et donc géo-politique. Sur ce thème, nous aurions beaucoup à apprendre de qui vit personnellement le drame de l'émigration. Il faut éviter à cc propos refoulements et censures sur les enseignements qui nous parviennent de l'histoire de l'émigration vénitienne.

La seconde donnée découle de ce qui est une évidence pour tous: "travailler la terre" a constitué et constitue encore la forme élémentaire, toujours à l'origine – et donc en un certain sens paradigmatique – de toute autre forme de "travail". Et *cultiver* est lié depuis toujours au *culte* et à la *culture*. Affronté dans cette double perspective de "terre" et de "travailler la terre", l'environnement où il vit offre à l'homme de nombreuses possibilités pour sa croissance et son épanouissement.

Synthétiquement ces deux données pourraient aussi être définies avec les deux dimensions grâce auxquelles l'*environnement* est vécu à l'intérieur de l'espérance humaine. Dans cette optique Jean-Paul II a parlé de l'environnement comme *maison* et de l'environnement comme *ressource*, et de la nécessité absolue d'en surveiller le délicat équilibre. Quand la technologie, l'économie et la politique perdent cet horizon concret, elles perdent en humilité. Et si elles se détachent de la "terre" (*humilité* vient de *humus*), elles tombent inexorablement dans l'idéologie. Alors l'environnement comme *ressource* menace l'environnement comme *maison*.

Pour ne pas tomber dans des sentimentalismes bucoliques, il peut être utile de se reporter brièvement à la conception biblique du problème.

"Dans les douleurs de l'enfantement"

Quand il s'agit du problème de l'environnement, la première donnée fondamentale que la Révélation chrétienne met en évidence concerne l'origine de l'environnement et le rapport que les hommes entretiennent avec lui.

Jean-Paul II, dans l'encyclique *Centesimus annus*, pose la question en termes anthropologiques:

"l'homme, saisi par le désir d'avoir et de jouir plus que par celui d'être et de croître, consomme d'une manière excessive et désordonnée les ressources de la terre et sa vie même. À l'origine de la destruction insensée de l'environnement naturel, il y a une erreur anthropologique, malheureusement répandue à notre époque. L'homme, qui découvre sa capacité de transformer et en un sens de créer le monde par son travail, oublie que cela s'accomplit toujours à partir du premier don originel des choses fait par Dieu. Il croit pouvoir disposer arbitrairement de la Terre, en la soumettant sans mesure à sa volonté, comme si elle n'avait pas une forme et une destination antérieures que Dieu lui a données, que l'homme peut développer, mais qu'il ne doit pas trahir. Au lieu de remplir son rôle de collaborateur de Dieu dans l'oeuvre de la création, l'homme se substitue à Dieu et, ainsi, finit par provoquer la révolte de la nature, plus tyrannisée que gouvernée par lui." (n. 37).

Pour la conception chrétienne, cette attitude de l'homme n'est pas sans relation avec le péché. Toutefois la Révélation elle-même, avec réalisme, sans jamais oublier le principe de la responsabilité personnelle, assume aussi la relation homme-environnement dans la perspective de la rédemption. La mort et la résurrection de Jésus inaugurent un nouveau stade (*aiôn*). En Lui même le rapport spatio-temporel, entre l'homme et le cosmos, est sous le signe des "douleurs de l'enfantement". Travail douloureux mais vital, parce que positif et destiné au bien de la vie. Le nôtre – qui concerne chacun de nous dans la responsabilité quotidienne d'affronter la vie non esthétiquement mais éthiquement (Kierkegaard), comme un "cas sérieux" – est un travail avant tout anthropologique, qui investit cependant, comme dit le très célèbre passage de Paul aux Romains, toute la création (*ktísis*):

"la création en attente aspire à la révélation des fils de Dieu : si elle fut assujettie à la vanité – non qu'elle l'eût voulu, mais à cause de celui qui l'y a soumise – c'est avec l'espérance d'être elle aussi libérée de la servitude de la corruption pour entrer dans la liberté de la gloire des enfants de Dieu. Nous le savons en effet, toute la création jusqu'à ce jour gémit en travail d'enfantement. Et non pas elle seule : nous-mêmes qui possédons les prémices de l'esprit, nous gémissons nous aussi intérieurement dans l'attente de la rédemption de notre corps. Car notre salut est objet d'espérance." (Rm 8, 19-24).

Travail anthropologique et travail cosmologique sont ainsi unis dans la perspective eschatologique qui est toujours pour nous imminente. Alors dans la parousie du Christ descendra la nouvelle Jérusalem (*Ap*. 21) pour transfigurer dans notre résurrection personnelle notre corps mortel, microcosme des cieux nouveaux et de la terre nouvelle. Cette vision articulée et concrète de l'existence qui constitue l'expérience de tout chrétien permet d'éviter à la racine – au moins en principe – deux graves risques qui compromettraient lourdement le rapport homme-environnement.

D'une part le risque d'un anthropocentrisme exacerbé qui fait de l'homme le "maître absolu" de la création. Nous savons que dans sa première version, celui que les spécialistes appellent le *poème des sept jours* (*Gn* 1, 31-2, 3), le récit biblique de la création a vraiment la forme d'un ordre donné à l'homme: "Soyez féconds, multipliez, emplissez la terre et soumettez-la; dominez sur les poissons de la mer, les oiseaux du ciel et tous les animaux qui rampent sur la terre". (*Gn* 1, 28). On connaît bien la critique portée par la pensée écologiste à cette orientation anthropocentrique qui est à la base de la culture occidentale. Selon elle, la tradition biblique aurait conduit à une opposition sans issue entre l'homme et la nature, en favorisant l'exploitation de celle-ci par les hommes.

Nous ne pouvons entrer maintenant dans le détail de la réponse à pareille critique, d'autant que, pour éviter une lecture unilatérale du passage de la Genèse d'un point de vue anthropocentrique, il suffit de se référer au "second récit" de la création (*Gn* 2, 15), où l'enseignement biblique sur le rapport de l'homme avec la Création est ainsi formulé: "le Seigneur Dieu prit l'homme et l'établit dans le jardin d'Eden pour le cultiver et le garder". Comme dans le récit précédent, on doit reconnaître ici aussi que les protagonistes du rapport homme-création ne sont pas simplement deux – la communauté des hommes et la création – mais bien trois. Aussi bien dans la "version du commandement" que dans cette seconde description de l'action divine, le Créateur ne cède pas son rôle de protagoniste garant. Au contraire, le texte biblique me semble marquer avec force le fait que c'est lui la source du rapport entre l'homme et la création. Celui qui les met en relation. Dans cette perspective toute prétention anthropocentrique se trouve radicalement ramenée à sa juste valeur.

Cela ne signifie pas pour autant qu'il faille accepter un bio-centrisme ou un éco-centrisme se proposant d':

> "éliminer la différence ontologique et axiologique entre l'homme et les autres êtres vivants, en considérant la biosphère comme une unité biotique de valeur indifférenciée. On en vient ainsi à éliminer la responsabilité supérieure de l'homme en faveur d'une considération égalitariste de la «dignité» de tous les êtres vivants". (Jean-Paul II, *Discours aux participants à un Congrès sur environnement et santé*, 24 mars 1997, n. 5).

La critique de l'anthropocentrisme, en ce sens, ne peut pas conduire à une conception absolue de la création qui la fasse prévaloir, en dignité, sur la personne humaine. Sur le rapport entre l'homme et la nature, la figure de saint François d'assise a toujours exercé une suggestion singulière sur les hommes de tous les temps et en tout lieu. Mais, peut-être, et précisément en raison de son immense popularité, le grand saint a été victime d'innombrables réductions idéologiques, souvent dans le sens indiqué par le pape dans son jugement ci-dessus mentionné. Dans un bref essai, aussi pertinent qu'oublié, sur la figure de saint François, Chesterton condamne ces réductions. Je me limite à citer un seul de ses nombreux, délicieux passages en ce sens:

"l'amour divin avait peint en vives couleurs, une à une, toutes ses créatures (...). François fut tout le contraire d'un panthéiste. Il n'appelle pas la Nature sa « Mère », mais appelle 'frère' tel âne et 'sœur' telle fauvette (...) chaque chose se serait trouvée en premier plan sous les feux de la rampe et aurait eu son caractère propre". (G.K. Chesterton, *San Francesco d'Assisi*. Milano, edizioni ipl, 1967, pp. 85-86).

Un don étendu à la "communauté des hommes"

Quand il s'agit d'éclairer le rapport homme-création avec la lumière de la Révélation, il faut tenir compte d'un autre facteur fondamental de l'anthropologie qui a sa racine dans la vision de la *Genèse*. Je veux dire la nécessité de penser ce rapport à partir de la dimension essentiellement communautaire de l'existence humaine.

En effet l'interlocuteur du Créateur, Adam, n'est pas simplement un individu, mais l'archétype de toute l'humanité. Ce qui nous aide à comprendre que le rapport individu-communauté, une des trois polarités constitutives indépassables de la nature humaine, fait partie intégrante d'un discours approprié sur l'homme, et donc sur son lien avec la Création.

Il n'y a pas lieu d'émettre ici un jugement sur la culture hégémonique de l'Occident. Je me limite à répéter qu'avec le mot "culture", je me réfère à la façon concrète avec laquelle nos contemporains affrontent leur vie, dans la double dimension des affections et du travail, rythmée par un repos bénéfique. Et cela doit être inséré dans le tumultueux processus du mélange des peuples qui est désormais largement en cours. Parfois il ne serait pas exagéré de parler d'"individualisme national", sans rien retirer pour cela à la valeur de la nation.

Pour étayer notre réflexion, il suffit de rappeler que cette donnée essentielle impose en premier lieu de reconnaître que la création-environnement est un bien commun et universel, que l'engagement en faveur de l'environnement s'étend non seulement aux exigences du présent mais aussi à celles du futur et que, en vertu de ces deux facteurs, la responsabilité envers la création doit trouver des traductions adéquates au niveau éthique et juridique.

Une question "éducative"

Mais il serait tout à fait naïf et irréaliste de confier aux seules législations nationales et internationales la responsabilité immédiate de la sauvegarde de l'environnement. Le problème d'un rapport adéquat homme-environnement est en premier lieu d'ordre éducatif. Avant tout, en effet, il s'agit de ramener l'expérience humaine élémentaire à son intégralité, en reprenant un regard limpide sur toute la réalité. Un regard capable de capter avec émerveillement la surprise naturelle de la Création.

Il est urgent que l'actuel "surhomme technologique" retrouve la capacité de comprendre la beauté de la Création pour pouvoir entrevoir la gloire de Dieu que proclament les cieux (*Ps* 18). Ce regard demande une capacité de distance qui sache reconnaître dans la création l'empreinte insaisissable du Créateur qui en est aussi le Rédempteur. C'est là que réside la possibilité de la posséder vraiment. Comme dans chaque expérience affective, ici aussi la véritable possession n'advient que si elle se réalise dans le détachement. Il suffit de penser à l'Évangile sur les lys des champs et sur les oiseaux du ciel (*Mt* 6, 26.30).
Hans-Urs von Balthasar affirme avec perspicacité :

"Si Thomas pouvait caractériser l'être comme "une certaine lumière" pour l'étant, cette lumière ne s'éteindra-t-elle pas là où a été perdu le langage de la lumière même [celui de la beauté] et où il n'est plus possible au mystère de l'être de s'exprimer lui-même ? Il ne reste alors plus qu'une portion d'existence qui, tout en prétendant, comme esprit, s'attribuer aussi une certaine liberté, demeure toutefois complètement obscure et incompréhensible à elle-même. Le témoignage de l'être cesse d'être crédible à qui ne réussit plus à apprécier la beauté" (H.U. von Balthasar, *La Gloire et la Croix*, t. 1, Paris, 1965, p. 17).

L'autre preuve évidente que la question du rapport entre l'homme et l'environnement est éminemment éducative, réside dans le fait qu'elle requiert l'engagement moral de l'homme. Ce qui l'exige, c'est une conception correcte du développement, attentive à l'usage des éléments, à la possibilité de renouvellement des ressources et aux conséquences d'une industrialisation désordonnée.

Cette dimension "morale" est bien mise en évidence par la formulation "pour le cultiver et le garder" (*Gn* 2, 15), où émergent les deux axes du rapport entre la communauté des hommes et la création: le travail et l'attention. Décisive est la perspective unitaire avec laquelle procède le texte biblique. Cultiver et sauvegarder la création ne sont pas des activités séparées, successives et encore moins alternatives! Ces deux activités constituent deux dimensions intrinsèquement connexes de l'unique rapport entre la communauté des hommes et la Création comme le créateur l'a voulu.

Il faut donc reconnaître que les graves problèmes écologiques exigent un changement effectif de mentalité qui conduit à de nouveaux styles de vie. A ce propos il est important de rappeler qu'un style de vie authentique doit exprimer de manière intégrale l'expérience élémentaire de l'homme, *un* d'âme/corps, homme/femme, individu/communauté. Pour cela il doit partir de l'ensemble des droits/devoirs capables de garantir la *vie bonne* à la fois personnelle et sociale harmonisée par un bon gouvernement.

Dans ce contexte on ne peut séparer l'attention vigilante portée à l'environnement de la promotion intégrale de la vie de chaque homme, depuis sa conception jusqu'à sa mort naturelle.

Dieu le Père "tout en tous" (I *Cor* 15, 28)

Après cette exposition un peu désordonnée des principes offerts par la Révélation chrétienne, il serait maintenant nécessaire d'élaborer des critères de jugement et des directives d'action pour le présent de Venise dans le rapport homme-environnement. Je me limite à redire, sous forme d'énoncé, ce que je répète désormais depuis longtemps: évitons que les problèmes écologiques et démographiques de Venise (qui ne concernent pas seulement le centre historique et la lagune!) ne génèrent une urgence anthropologique.

Cette tâche ne pourra être correctement remplie sans un large débat moral, social, culturel, économique et politique qui porte à ce noble compromis (*cum-promitto*) qui a vraiment à cœur le bien commun. L'entreprise est tout autre que simple.

"L'univers est un hymne merveilleusement composé" (*Sur l'inscription des Psaumes,* P.G. XLIV, 441). Cette conviction de saint Grégoire de Nysse est porteuse d'une paix cosmique. Ce n'est pas de l'irénisme à bon marché parce que, comme nous l'avons vu, elle impose à la responsabilité de la communauté des hommes de se charger des contradictions qu'elle-même suscite à l'égard de la Création. Le témoignage du chrétien devant l'environnement naît de l'espoir certain que l'avènement final du règne – que, ce n'est pas par hasard, la liturgie rappelle aussi avec de graves tons apocalyptiques – consiste dans le retour (*parousie*) de Celui qui a "ramené toutes choses sous un seul Chef" (*Eph* 1, 10) pour qu'à la fin "Dieu soit tout en tous" (*I Cor* 15, 28).

15

EDIFIER LA PAIX

Une tragique indifférence?

Quelques jours après les terrifiants attentats du 11 septembre, l'écrivain américain Richard Ford a signé un bref commentaire dans le *New York Times*, sous le titre *The way we live now* (« Notre manière de vivre »), qui est encore aujourd'hui d'une brûlante actualité. L'auteur établit une comparaison entre la mort soudaine de son père par infarctus survenue entre ses bras, alors qu'il avait seize ans – et la mort de milliers de personnes dans les Twin Towers. Ford affirme que la vie avait été ôtée à son père, mais que le fait de mourir dans les bras de son fils avait en quelque sort sauvé sa mort (Rilke). Aux victimes du 11 septembre, au contraire, "non seulement la vie a été enlevée, mais leur mort aussi a été volée". À propos de ces morts, Ford note:

“le fait que des existences aient été *arrachées* ou pire, *volées aussi soudainement, violemment, impersonnellement, insensément, obscènement* doit nous empêcher de demeurer dans la position de celui qui, bien que menant une vie raisonnable et laborieuse, s'abstient de tout témoignage. S'il en était ainsi non seulement leurs vies seraient perdues, leurs morts volées, mais nous tous, tout de l'homme serait perdu! C'est à nous qu'il appartient de nous charger, d'avoir soin de ces vies et de ces morts”.

Déséquilibres

Ainsi, en termes directs, un devoir précis nous est indiqué. Jean XXIII nous offre un point de départ perspicace pour réfléchir sur ce devoir. Il s'agit du passage du n. 20 de l'encyclique *Pacem in terris*, dans lequel il est dit que la paix “est un ordre qui repose sur la vérité ; qui se réalise dans la justice ; qui demande à être vivifié et assimilé par l'amour et qui exige d'être librement recomposé dans des équilibres toujours nouveaux et plus humains.”
Cette affirmation, qui s'est révélée ces temps-ci très actuelle, permet de voir que la paix, plus encore que d'autres biens sociaux précieux, ne peut être poursuivie de manière réaliste que dans le cadre d'une action globale et articulée. Elle concerne, en effet, tous les niveaux de l'existence humaine, depuis les rapports personnels jusqu'aux relations internationales de la géopolitique mondiale. La paix, ainsi comprise dans son ensemble, devient un des tests les plus rigoureux pour vérifier l'authenticité d'une société civile.
Sans oublier la dimension personnelle de la paix, je veux rappeler quelques données, au sujet de l'actuelle situation internationale, qui

ne peuvent être oubliées dans une réflexion, fût-elle seulement évoquée, sur la paix. Il s'agit d'une simple énumération fragmentaire et incomplète qui permet toutefois de la mettre en contexte.
Avant tout il faut rappeler le drame de l'Afghanistan, de l'Irak et du Moyen Orient, surtout pour la Terre Sainte et le Liban: le caractère problématique de l'engagement actuel des États-Unis et de leurs alliés en Irak, les difficultés du processus de paix entre Israël et la Palestine, les divergences entre les États-Unis et leurs alliés et les autres pays européens, le rôle des Nations-Unies dans les récents conflits et, enfin, le nouveau visage du terrorisme international.
À ce cadre s'ajoute la remise en cause de l'Occident qui est en cours aujourd'hui. Il suffit de penser aux questions liées à l'élargissement de l'Union Européenne: l'unité économique et monétaire de l'UE est bien loin d'avoir conduit à une action commune, surtout en ce qui concerne la politique extérieure et de défense. En outre le chemin de la Constitution européenne donne l'impression d'être devant un compromis pas tellement satisfaisant entre des conceptions politiques diverses. L'une qui vise à faire de l'Europe un État fédéral, doté d'organismes et de pouvoirs autonomes réglés par le principe de la majorité, et l'autre qui conçoit l'unité européenne d'un point de vue surtout économique, laissant aux États membres leur souveraineté sur des questions fondamentales (politique étrangère, défense, fiscalité...). Les résultats des référendums nationaux sont un signal précis de cette situation.
En second lieu il faut signaler le fait que l'écart entre l'Europe et les États-Unis d'Amérique est appelé a croître progressivement. A ce propos, il y a peu de temps, C. A. Kupcha affirmait:

"l'histoire nous offre des cas de divisions très comparables à la fracture qui se produira probablement en Occident au cours des prochaines décennies. Ainsi, vers la fin du IIIème siècle, l'Empire romain se divisa en deux grandes unités administratives : en un temps plutôt court, Rome et Constantinople, malgré leur héritage culturel et politique commun, devinrent rivales, la religion commune commença à faire l'objet d'intenses querelles doctrinales, tandis que l'unité de l'Empire était remise en question par des conflits qui conduiraient Rome vers un irréversible déclin. L'Union européenne est en train de prendre une route par certains aspects analogue à celle qui porta Constantinople à se séparer de son antique soutien. Comme les deux parties du vieil Empire romain, l'Europe et les États-Unis commencent à se détacher, soit en raison d'intérêts économiques divergents, soit pour l'adhésion à des valeurs culturelles différentes" (C.A. Kupcha, *« Gli ultimi giorni dell'Occidente »*, *Vita e Pensiero*, 86, 3, 2003, p. 25-31, ici p. 30).

Dans ce contexte, il n'a pas manqué de voix autorisées pour soutenir la nécessité d'une *gouvernance* internationale capable d'affronter la question de la mondialisation et du développement. Au cours des dernières décennies, l'importance de la perspective institutionnelle s'est imposée au premier plan: le système de règles, normes et valeurs partagées, dans lequel l'activité économique est appelée à s'exercer, se révèle toujours plus pertinent pour en mesurer l'efficacité.
Mais, comme nous l'avons déjà vu en réfléchissant sur ce thème, si les racines de l'économie ne sont pas enracinées dans un terreau anthropologique fertile et déterminé, on la condamne à se stériliser et à devenir inféconde. Cette perspective impose de repenser rapidement et courageusement beaucoup de choses, y compris dans les stratégies

de collaboration entre les sociétés riches et les pays pauvres, surtout en Afrique.

Dans ce contexte, en quoi consiste l'urgence de la paix pour la communauté chrétienne? Ainsi posée, la question en implique une autre plus générale, mais non moins décisive: quel doit être l'engagement social et politique des chrétiens aujourd'hui?

Nous avons déjà dit comment, à l'origine de chaque engagement de la part du chrétien, se trouve le rapport vérité-liberté, et aussi comment il a été introduit par le christianisme dans l'ADN de l'Occident. En vertu de sa racine trinitaire, dans la perspective judéo-chrétienne, la vérité a toujours l'aspect d'une forme vivante et personnelle. Ce n'est pas une idée, ni le simple fruit d'une recherche théorique, mais la personne et l'aventure historique du Fils de Dieu fait homme, mort et ressuscité pour nous. En Lui, la liberté infinie du Père a choisi de passer par la liberté finie de l'homme pour que l'homme puisse rencontrer la vérité. Le don de soi que la vérité fait à la liberté va jusqu'au "risque" abyssal de mourir pour elle. C'est pourquoi la plénitude de la vérité est l'amour. «Qu'est-ce que la vérité?» À la question sceptique de Pilate, Jésus ne répond pas par une définition, mais s'engage résolument sur le Chemin de la Croix. Dans le Crucifié ressuscité même la différence la plus radicale est sauvée parce que retenue dans l'amour.

C'est dans le cadre de cette distinction que s'est affirmé le sens adéquat du principe-justice. L'engagement social et politique des chrétiens pour la paix demeure ou tombe selon que les quatre facteurs déterminés par *Pacem in terris* sont ou non maintenus dans la hiérarchie indiquée par l'encyclique. De ce point de vue l'ordre de la paix coïncide avec l'édification de la *vie bonne*.

Pour ne pas rester dans l'abstraction, je tente de proposer quelques observations sur la manière dont les chrétiens peuvent démontrer en quoi le rapport vérité-liberté-amour-justice est capital pour l'édification de la paix.

L'édification de la paix

Si la communauté chrétienne agit selon la conception de la *vie bonne* dans l'édification de la paix, deux graves risques peuvent être évités. D'une part, celui de sous-évaluer le fait que le conflit est déjà en cours et nous concerne tous (il suffit de penser à la menace terroriste). Dans une telle situation, il n'est pas difficile de tomber dans la fallacieuse simplification qui présume de pouvoir toujours démarquer le camp des "bons" et celui des "mauvais", comme si la terrible bataille pour la paix ne passait pas par le cœur de chaque homme et de chaque peuple. Comme si la paix n'était pas un devoir qui demande à chacun de nous un travail quotidien incessant à partir des environnements ordinaires de la vie (affections et travail). Par cette tentation simplificatrice, nous sommes continuellement exposés au risque du retour, sous de nouvelles apparences, de ces idéologies qui se sont affrontées de façon si tragique durant le XXème siècle. Le risque opposé est celui de sacrifier le bien de la paix à une conception, qui se veut "réaliste", de *Realpolitik*. On dit alors que la guerre et le terrorisme sont un mal inévitable. Et on en arrive à accuser ceux qui élèvent leur voix pour défendre la paix d'être victimes d'une pensée à sens unique. Ou l'on conclut avec scepticisme (ce qui est à la fin totalement irresponsable) que la paix n'est pas possible – quand on ne va pas jusqu'à affirmer, non sans une pointe de cynisme: "la guerre ou le terrorisme sont justes". Ici aussi l'idéologie est à l'œuvre.

Au contraire, la paix qui s'édifie concrètement en construisant l'*ordre de la paix* est immédiatement praticable de la part de tous et, surtout, absolument à la portée de chacun de nous. Cet ordre – qui en quelques mots s'identifie avec la primauté de la personne, toujours située historiquement et enracinée dans un peuple – peut et doit devenir le critère quotidien de chacun de nos rapports en famille comme sur le lieu du travail, dans les lieux de la vie collective sociale et politique, au niveau national comme au niveau international.

Une communauté chrétienne qui n'est pas en permanence lieu d'éducation ne construit pas la paix, même si dans des moments de forte mobilisation, elle participe à des manifestations et à des débats. Sans un "d'abord" et un "ensuite" organique, l'engagement, même généreux, reste velléitaire et inévitablement sera manipulé par les pouvoirs dominants quels qu'ils soient. L'ordre de la paix n'est pas possible sans éduquer un sujet à vivre la *vie bonne* rythmée selon les quatre piliers indiqués par Jean XXIII dans la forme intégrale que nous avons exposée. Pour les chrétiens, parler de paix ou manifester pour la paix, sans édifier patiemment un sujet qui témoigne à tous l'importance de la foi en Jésus-Christ, est une abstraction et devient donc une idéologie. En langage concret cela signifie incarner vérité, justice, amour, liberté dans le présent historique.

La route de la paix passe alors, nécessairement, par l'éducation et par le témoignage. Deux termes qui dans notre société européenne ont une incomparable physionomie chrétienne.

L'éducation, pour qui vit à la suite du Christ, n'a rien à voir avec un endoctrinement réciproque. Comme il ne s'arroge pas le pouvoir exclusif de la vérité sans jamais se remettre en cause. S'éduquer à la paix implique de résister à la tentation de l'utopie qui prétend connaître et maîtriser toujours la recette pour résoudre les problèmes du monde global... Cela demande une attitude globale qui tienne compte de tous les facteurs de l'expérience humaine la plus élémentaire. Témoignage est synonyme de s'exposer soi-même, de don de soi, de martyre. Depuis Jésus, le martyre est l'acte sublime de l'amour. Le comble du témoignage est le pardon, comme le comble de la justice est la charité.

Il n'y a pas de paix sans pardon. De la réconciliation avec Dieu, qui nous a été donnée par Celui qui s'est proclamé *notre paix,* naît une indomptable énergie de pardon qui peut envahir tous les rapports entre les hommes, depuis les rapports élémentaires en famille, dans nos quartiers, dans nos lieux de travail, jusqu'aux rapports constitutifs de la société civile et politique, au niveau national et international.

Assurer que le pardon a une force sociale, qu'il est une possibilité réelle pour la société humaine, est un devoir impératif de la communauté chrétienne. Le pardon devient ainsi la forme accomplie pour la construction indispensable de la paix. Personne ne pourra oublier facilement Jean-Paul II, témoin gigantesque, aux yeux du monde entier, de ce sommet de l'action en faveur de la paix. Aucun d'entre nous ne peut se considérer exempt du témoignage du pardon.

Idéal, non utopie

Je conclus ces rappels fragmentaires, en proposant à nouveau un point de méthode, que j'ai déjà eu l'occasion d'exposer, non sans rencontrer quelques résistances.

Quel est l'ennemi le plus sournois de l'ordre de la paix, c'est à dire d'un sujet en train de poursuivre la *vie bonne*? C'est l'utopie. Utopie, du grec *u-topos* "non lieu" renvoie, par définition, à l'inexistence et indique donc un lieu qui n'existera jamais. L'usage que l'on fait souvent du mot *utopie* est cependant structurellement impropre – comme l'affirme l'historien français Guy Bedouelle, les utopies sont des *rêveries* architecturales ou sociales écrites dans la pierre (comme la ville de Pienza) ou sur le papier comme l'*Utopia* de Thomas More (1516) ou celle de Campanella: elles peuvent tout au plus indiquer des aspirations de réconciliation, de tolérance et d'unité, mais ne permettent pas une construction réelle.
Nous savons que le contraire exact de la paix est la violence qui naît de la différence entre la connaissance du bien et sa réalisation. *Video bona probaque et deteriora sequor*, reconnaissait le païen Ovide avec une amère lucidité. Le cri de saint Paul lui fera écho: "Je trouve donc une loi s'imposant à moi, quand je veux faire le bien : le mal seul se présente à moi. [...] Malheureux homme que je suis ! qui me délivrera de ce corps qui me voue à la mort ?" (*Rm* 7, 21-24). Et nous, nous nous rendons bien compte, par expérience personnelle, dans combien et dans quelles formes de violence nous pouvons tomber. Qu'il suffise de penser à la violence sournoise et souvent quotidienne des passions. Si nous ne partons pas de là, du mal qui corrompt les personnes, les groupes et les peuples, en générant la violence, nous poursuivons la paix comme une utopie, en finissant, même involontairement, par réduire Jésus-Christ à un pur prétexte. Céder à la tentation de l'utopie signifie ne pas partir de la réalité, mais imposer à celle-ci une théorie en l'enfermant dans la cage de notre mesure limitée.
Autre chose est l'idéal. L'idéal est la vérité du réel, qui donc existe avant mon projet et ma mesure. Sous une forme incomplète, mais il

existe. S'il est poursuivi correctement, il pourra se réaliser toujours davantage. C'est quelque chose qui est toujours devant moi, comme un devoir que je dois construire à partir de la réalité.

16

L'Église et le patrimoine culturel

Sauvegarder la beauté

Il semblerait que l'intérêt pour le beau (et donc pour le patrimoine culturel) soit en pleine croissance. Il suffit de penser au nombre toujours plus grand de personnes qui subissent des heures de queue pour visiter des églises, des expositions, des musées ou pour prendre part aux diverses manifestations artistiques. Devons-nous peut-être considérer comme dépassé le jugement cinglant exprimé par Hans Urs von Balthasar, à la fin des années Soixante et que je me permets de reproduire? Le célèbre théologien bâlois, qui, comme on le sait, a fait de la *perception de la forme* (l'*esthétique*) le point de départ privilégié de sa réflexion, écrivait:

"la beauté [...] n'est plus aimée et sauvegardée (même pas par la religion) [...] la beauté à laquelle nous n'osons plus croire et dont nous avons fait une apparence pour pouvoir nous en libérer d'un cœur léger. La beauté qui exige (comme cela est aujourd'hui démontré) au moins autant de courage et de force de décision que la vérité et que la bonté, qui ne se laisse pas ostraciser ni séparer de ces deux sœurs sans les entraîner avec elle dans une vengeance mystérieuse. Celui qui, en entendant le mot *beauté*, plisse ses lèvres dans un sourire, la considérant comme le hochet exotique d'un passé bourgeois, celui-là, on peut en être sûr, n'est plus capable – ni en secret ni ouvertement – de prier et, bientôt pas même d'aimer" (H.U. von Balthasar, *La Gloire et la Croix*, t. 1, Paris, 1965, p. 16).

Une grande confusion règne aujourd'hui sur la beauté, comme sur tous les mots-clés qui identifient les "fondamentaux" de l'expérience humaine. Porter, comme le fait Balthasar, la question jusqu'à ces racines, signifie ne pas se contenter d'une jouissance esthétique de l'art, mais opérer un renversement de mentalité pour atteindre une esthétique de la jouissance. Le bien culturel et artistique non comme un objet de consommation, mais comme une rencontre avec le beau, splendeur du vrai qui suscite le désir du bien. Cela comporte éduquer à l'*ana-phora*(= « porter sur »), c'est-à-dire, littéralement, laisser qu'une fresque ou une architecture ou un morceau de musique vous porte vers lui. Déplacer tout le moi qui s'approche vers lui. Il faut, par exemple, que ce soit le tableau admiré qui nous contraigne à un mouvement intérieur et extérieur du *moi* et ce ne doit pas être le *moi* qui possède le tableau comme une idole en le fixant d'un regard glacé. La liturgie, correctement vécue, est l'exemple éminent de ce que j'appelle l'*anaphore* (offrande, répétition, pain offert pour la célébration eucharistique). Ce n'est pas pour rien que le patrimoine de l'Église a surgi du cœur de l'Eucharistie. Par conséquent, communiquer, valoriser et gérer les biens culturels veut dire valoriser l'*humain*. Et en exerçant cette tâche, l'Église – comme cela est évident aussi pour tous les autres "fondamentaux" – occupe une responsabilité de tout premier plan.

Aux sources de l'expression artistique

Les biens culturels sont le fruit de la logique de l'Incarnation. La référence historique renvoie, bien sûr, à la controverse iconoclaste.

"Jésus-Christ, en tant qu'homme, utilise tout l'appareil expressif humain de l'existence historique – depuis la naissance jusqu'à la mort – à tous les âges, les conditions, les situations individuelles et sociales. Il est ce qu'il exprime, c'est-à-dire Dieu (il possède la nature divine), mais il n'est pas Celui qu'il exprime, c'est-à-dire le Père (il est différent, dans Son être personnel, de la personne du Père). Paradoxe incomparable qui constitue le point originel de l'esthétique chrétienne et donc de toute esthétique". (*ibid.* p. 25).

C'est encore Balthasar qui éclaire pleinement le paradoxe qui est à l'origine de l'art. Le théologien bâlois l'explique à partir de l'expérience archétypique de Jésus-Christ. Il est le Fils de Dieu fait Homme, *tota Sui ipsius praesentia ac manifestatione* ("par la présence et la manifestation de soi-même") – comme dit le n° 4 de *Dei Verbum*– il est ce qu'il exprime, et en même temps il n'est pas Celui qu'il exprime et qui pourtant constitue son origine éternelle: le Père, *fons totius divinitatis*. L'art est peut-être l'expérience humaine où cette inégalable polarité se manifeste de la façon la plus aiguë. Il est, en effet, intrinsèquement expression de l'homme qui l'engendre et, dans

le même temps, révélation du mystère plus profond d'où l'artiste lui-même est perpétuellement engendré.
En particulier, le bien culturel ou artistique, dans toute sa "matérialité", est présent dans la vie de l'Église, comme un rappel puissant pour éviter toute tentation spiritualiste. Celle-ci se manifeste aujourd'hui normalement ou par la réduction de la foi à une pure doctrine, ou bien par sa réduction à une pure éthique: dans un cas comme dans l'autre, il manque le noyau incandescent de l'événement chrétien, la personne même du Fils de Dieu fait Homme, mort et ressuscité pour nous et présent ici et maintenant, en tant que sacramentellement offert à la liberté de chacun. En ce sens il est opportun de se demander quel espace occupent les biens culturels dans l'action pastorale quotidienne. Le chemin sera long, mais il a déjà commencé.

Liturgie

On peut dire que la dynamique propre à l'expression artistique dont nous avons parlé atteint son sommet dans le rapport art-liturgie. Quand en effet l'art entre en rapport avec la liturgie, il est appelé à collaborer à l'action symbolique par excellence. Dans le pain et le vin transsubstantiés en Corps et Sang de Jésus-Christ, la forme (*Gestalt*), sur la base du paradoxe christique ci-dessus rappelé, apparaît comme originellement duale. Dans l'Eucharistie on voit bien ce qui est suggéré par toutes les manifestations de la contingence humaine: l'original n'est ni un esprit sans corps ni un corps sans esprit. Toute prétention d'annuler la dualité à la recherche d'une origine univoque est destinée à la faillite. Il en est ainsi à partir de Platon pour tous ceux qui veulent remplacer le *symbole* (signe du vrai) par l'*allégorie* (le dire autrement). Et la même chose arrive à tous ceux qui, avec Aristote, s'obstinent à s'arrêter au seul phénomène. Sans le symbole, toujours *dramatiquement* dual, il n'y a pas de forme, pas de figure (*Gestalt*). Et sans forme, il n'y a pas d'art.

Comment la création artistique trouve-t-elle sa voie pour exprimer le paradoxe (la polarité) de la forme? Saint Bonaventure parle d'*expressio* de l'*impressio* que la gloire du Mystère exerce sur le cerveau, sur le cœur et sur l'énergie opérative de l'homme. Exprimer l'impression reçue: voilà la dynamique de la création artistique.

Si le Mystère qui habite la réalité ne laisse pas en nous cette *impressio*, c'est-à-dire ne nous marque pas, n'imprime pas son sceau, au point de nous pousser, presque physiquement, à exprimer notre façon de l'avoir perçue (*pulchrum*), aimée (*bonum*), comprise (*verum*), il n'y a pas d'art. Et ici il est utile de noter ce qu'affirme s. Thomas: "une chose n'est pas vraiment comprise tant qu'elle n'est pas communiquée".

Logique sacramentelle et témoignage

Quelles conséquences faudrait-il tirer pour l'art en relation avec la liturgie! Limitons nous à une, fort importante. C'est Jacques Maritain qui l'avait vue et, avec lui, Stanislas Fumet quand, dans son toujours actuel *Procès à l'art*, il écrivait: "appelé à exprimer le beau, on ne demande, précisément, à l'art qu'un *témoignage*".

La figure accomplie de l'artiste est, encore une fois, celle du *témoin*, du *martyr*. Il *pâtit* et souffre l'*impressio* du mystère qui se livre de façon si puissante qu'il accompagne les autres hommes pour en saisir la signification propre à travers l'*expressio*. Voilà la genèse de la forme, c'est-à-dire de l'art.

Il y a une condition qui facilite l'*impressio* en créant le terrain favorable à la floraison d'*expressiones*. Si l'art s'identifie finalement avec l'*expressio* que l'*impressio* provoque en nous, comment ne pas tenir compte de la *médiation intrinsèque* par laquelle le Mystère se communique et "imprime" en nous Sa vérité, Sa splendeur? Cette *forme* est l'Église, le peuple saint de Dieu qui provient du baptême et que régénère l'Eucharistie de façon permanente. On ne peut pas penser à l'architecture et à l'art en relation avec les édifices du culte, sinon à partir de ce noyau incandescent.

C'est avec ce peuple, avec sa vie concrète, avec son expérience humaine, avec sa conscience de soi que l'artiste doit continuellement compter. Négliger la forte appartenance à ce peuple – dont la racine est la liturgie – (si un architecte n'était pas croyant, il devrait trouver des routes personnelles et innovantes pour la vivre) le conduirait, en effet, à suivre sa propre imagination en abandonnant le domaine fascinant de l'*impressio* et en se condamnant inexorablement à la stérilité.

Le patrimoine culturel de l'Église est l'expression de la foi vivante de cette "réalité ethnique *sui generis*", comme disait Paul VI, qui est le peuple de Dieu. Il provient, en effet, d'un sujet populaire, la communauté chrétienne, qui s'exprime de façon tout à fait particulière dans le rite et, surtout, dans les sacrements. De façon spéciale dans l'Eucharistie comme *réunion* (1 *Cor* 11, 18-20; 14, 26), où, dans la Cène, sont incorporées la croix et la résurrection. Le dépassement de la fausse opposition entre foi et religion, que même la plus savante théologie est désormais en train de mettre en oeuvre, ouvre la voie à un usage approprié du patrimoine culturel de l'Église et contribue à l'accroître.

Tutelle et conservation des biens culturels

Il faut que, dans toute tentative de communication, valorisation et gestion de ces biens, leur origine populaire soit profondément respectée. En ce sens, il est nécessaire d'éviter la tentation de privilégier une idéologie de la conservation des biens qui puisse les soustraire à l'usage de la communauté chrétienne. La tutelle des biens, en effet, est liée finalement à leur enracinement (ou au manque d'enracinement) dans la vie du peuple de Dieu. Cet enracinement – qui implique évidemment la référence à l'histoire et à la tradition, sans lesquelles il n'y a pas de peuple – peut en outre fournir des critères équilibrés non seulement pour leur conservation, mais aussi pour éduquer ce besoin de beauté qui pousse des millions d'hommes de tous les continents et de toutes les cultures à jouir de leur usage. Cette noble tendance demande en effet à être soustraite à la société de consommation grâce à la rencontre réelle avec le Mystère qui resplendit au regard dans chaque forme/figure et nous appelle à l'auto-exposition (le *témoignage*) en faveur de la vérité. De cette façon, l'œuvre de valorisation et de conservation des biens culturels des communautés chrétiennes met en jeu l'identité et la vérité de leur histoire.

Un exemple suffira: ce qui pousse l'Église dans son œuvre délicate, scrupuleuse et patiente, d'inventaire des biens culturels, ce n'est certes pas un besoin effréné de "tout contrôler", ni un pur goût esthétique pour ce qui est ancien. Au contraire, c'est la valeur anthropologique qui est la leur. Ce patrimoine est en effet l'expression particulière, variée dans les formes et dans la valeur, de la passion pour l'homme dans son rapport avec Dieu qui rejaillit de manière bénéfique sur les rapports humains. Ces biens génèrent de la culture et leur patrimoine, bien gardé et surtout vécu, devient un facteur indispensable pour construire la *vie bonne* d'une société. Cette simple notation de caractère anthropologique et culturel acquiert une lumière tout à fait particulière dans le Patriarcat de Venise. C'est une expérience que je fais chaque fois que je suis appelé à présider une liturgie solennelle dans la Basilique Saint-Marc. A cette occasion les chanoines, qui avec tant d'amour prennent soin, entre autres, des objets liturgiques de la cathédrale, proposent au patriarche des parements et ornements sacrés riches d'histoire et d'une rare beauté. Au cours de l'action liturgique, ils font revivre au peuple la longue *traditio* de foi des Vénitiens et des visiteurs et, avec leur beauté, ils en font resplendir l'actuelle, irremplaçable vérité.

Rien n'est plus loin d'une vide ostentation ou d'un odieux étalage de richesse! Ces biens sont le patrimoine de tous. Et dans notre cas, non seulement de nous Vénitiens, mais, Venise étant cité de l'humanité, ce sont les biens de tous les hommes qui depuis toujours, et de toute condition sociale, ont aussi faim et soif de la beauté et de l'art. Aujourd'hui plus que jamais, en un temps où guerres et terrorisme non seulement tuent des victimes, mais risquent d'éteindre la lumière dans nos propres cœurs.

L'étymologie du mot *inventaire* suggère la route pour deviner l'enjeu, culturel et pastoral, d'une telle action. *Invenio* est un verbe qui indique la découverte de quelque chose de précieux. La signification de cette découverte porte en soi une double valeur. D'une part elle rappelle un facteur de nouveauté (l'usage du mot *inventio* fait pression sur cet élément pour indiquer quelque chose qui n'était pas là auparavant). L'expérience enseigne que quand une paroisse ou une communauté chrétienne mettent en œuvre leur inventaire, on découvre beaucoup de choses dont peut-être on ignorait l'existence, et qui représentent une authentique nouveauté. D'autre part, la découverte même de l'*inventio* peut faire référence à la mise en lumière de quelque chose de déjà présent, même si de quelque façon sous une forme non explicite. En ce sens on peut dire que *l'inventaire est un exercice de mémoire qui approfondit la prise de conscience de sa propre identité.* Cette identité qu'on ne pourra jamais dépister, si avec une myope présomption on fait abstraction du passé.

Si l'on considère cet aspect important, à la fois anthropologique et social du "bien culturel", on comprendra alors facilement que l'inventaire constitue une humble, mais précieuse, occasion pour réaliser le dynamisme de la *traditio*, propre à la communauté chrétienne dans toutes ses expressions. Les biens sont les traces de l'expérience humaine et chrétienne qui nous a précédés, à laquelle nous appartenons et qui nous appelle ici et maintenant à une implication personnelle. En ce sens, sans vouloir nier les indispensables compétences techniques nécessaires pour un travail aussi délicat, il est important de reconnaître que le devoir de l'inventaire incombe à la communauté chrétienne en tant que telle. Et le peuple de Dieu en est souvent bien conscient, en valorisant et en sauvegardant ses propres biens artistiques.

L'Église montre clairement en quoi consiste le *nouveau* auquel l'homme aspire pour croître et donc pour vivre. En effet, selon la loi implacable de tout être vivant, quand on cesse de croître, on commence à mourir. Le nouveau n'est pas la recherche spasmodique de l'*inédit*, mais plutôt la greffe de l'ancien sur le présent. Quels soins délicats exige alors la conservation et la restauration des biens culturels dans l'Église!

Sur ces bases anthropologiques et théologiques, ces biens ouvrent ensuite des espaces larges et insoupçonnés à l'action évangélisatrice de l'Église. Il suffit de penser au poids qu'ils peuvent avoir dans ce chemin d'éducation systématique au jugement de foi qu'est la catéchèse. Une relance effective, du point de vue pastoral et missionnaire, de l'extraordinaire patrimoine de nos communautés chrétiennes est donc possible. Ce n'est que de cette façon qu'elle atteindra la sphère indispensable et élevée de l'art qui procure une joie véritable et stable (*gaudium*).

17

Bioéthique : à propos de vie et de mort

S'installer dans la finitude ?

Il y a quelques années, de passage à Munich, je fus frappé par le titre d'un essai d'un jeune philosophe allemand, Marc Jongen, publié dans le supplément du grand quotidien *Die Zeit* : « L'homme n'est que l'expérience de lui-même » (*Der Mensch ist sein einiges Experiment*, in *Feuilleton, Die Zeit,* 9 août 2001). L'auteur y postulait la nécessité d'abandonner définitivement toute trace, par ailleurs selon lui désormais presque absolument illisible, de la conception classique d'origine grecque et judéo-chrétienne de l'homme entendu comme sujet-personne, et pourvu en tant que tel d'une irréductible dignité, source de droits et de devoirs finalement garantis par le système des lois. Selon Jongen (et beaucoup d'autres penseurs contemporains, qui sont désormais à travers les medias en train d'imposer une telle conception), ce changement radical serait imposé par la réalité même des choses. Dans l'ère post-génomique, l'homme a acquis la capacité d'intervenir sur l'origine de sa propre vie et aussi celle de dominer ou du moins de « contrôler » les processus de la mort (et des phénomènes de douleur et de souffrance qui souvent l'accompagnent), capacité qui conduit à cette conception objective, "scientifique", de l'homme. La seule conception vraiment dynamique, malléable, ouverte à toutes les nouveautés que les stupéfiants résultats du binôme sciences (biologiques) et (bio) technologies ne cesseront de favoriser. Voilà que finalement est peut- être apparu sur la terre ce surhomme dont parlait le Zarathoustra de Nietzsche quand il affirmait que:

"l'homme est quelque chose qui doit être dépassé. Qu'avez-vous fait pour le dépasser ? Tous les êtres jusqu'à présent ont créé quelque chose au- dessus d'eux [...] Qu'est-ce que le singe pour l'homme ? Une dérision ou une honte douloureuse. Et c'est ce que doit être l'homme pour le surhomme : une dérision ou une honte douloureuse." (F. Nietzsche, *Così parlò Zarathustra*, dans id., *opere scelte*, publiées par L. Scalero, Milano, longanesi, 1964, pp. 242-243).

Il n'est pas nécessaire d'arriver à ce point qui, entre autres, n'écarte pas la question philosophique de la signification de l'homme. Il suffit – dit-on – d'accepter avec un réalisme sage et prudent que les sentiers de la recherche de la "signification ultime" ne mènent nulle part et qu'il faille s'en tenir aux données que les sciences nous offrent, en essayant d'en tirer, au fur et à mesure, le plus grand avantage. Du reste n'était-ce pas déjà Pascal qui affirmait que "l'homme passe infiniment l'homme" (*Pensées* p. 122)? Il s'agit seulement de s'en remettre à une lecture « scientifique » de cette anthropologie dynamique.

Sans la partager, je ne veux en aucune façon banaliser cette position. Je ne veux pas non plus lancer rapidement des accusations de relativisme et de nihilisme pour prononcer des condamnations. Je la considère plutôt comme l'expression du tourment (*travaglio*) de l'époque dans laquelle nous sommes plongés en ce début de millénaire, bien repérable à d'autres niveaux et dans d'autres processus en cours sur la planète : la mondialisation, les réseaux sociaux, l'injustice radicale envers le Sud et, surtout, le métissage de cultures avec ses douloureuses conséquences de terreur et de guerre. La perspective du clonage humain, bien que ne bouleversant pas en soi le concept biologique de l'embryon dans son origine, constitue en fait une révolution d'une telle portée, dans la façon de concevoir la singularité de la personne humaine dans tout son développement, qu'aucun doute philosophique n'est possible : la postmodernité est commencée. En effet, si la succession des époques est marquée par des césures irréversibles, qui ne peuvent évidemment pas dissimuler d'importants éléments de continuité, alors le clonage peut être considéré comme le signe de la césure entre modernité et post-modernité.

Dans cette perspective, la finitude dans laquelle l'homme se trouve ne semblerait plus l'épouvanter. L'angoisse heideggérienne et freudienne n'ouvre plus la question sur l'être ou du moins sur la consistance profonde du *moi*. Cette finitude contraint encore moins à poser la question ultime qui donne vie à la philosophie et qui, de quelque manière qu'on la veuille définir, est une question religieuse parce que c'est une interrogation mystérieuse sur cet X majuscule que la plupart des peuples ont appelé *dieu*. Il s'agirait simplement d'accepter la finitude, en agissant pour que "le métier de vivre" (Cesare Pavese) soit toujours plus léger grâce aux puissants moyens que nous offrent les sciences et les techniques. Il en résulterait selon les partisans de ce choix, un exercice plus réaliste de la liberté qui ne serait pas privé de valeurs. Un usage pertinent du critère pratique de l'"interdit d'interdire" pourrait permettre de construire une "démocratie par procédures" où la liberté individuelle ne trouverait finalement comme limitation raisonnable qu'une réédition adéquate de la *règle d'or* de Kant. L'éthique elle-même, renonçant à tout absolu, pourrait favoriser la tolérance, l'attention positive envers l'environnement, en particulier envers les animaux, l'acceptation finalement autonome et digne, de la part de l'homme, de la vie et de la mort. Si nous nous décidions à reconnaître que *l'homme n'est que sa propre expérience*, ce serait la fin des intégrismes de toute sorte, y compris les intégrismes religieux, avec les violences qu'ils ont toujours entraînées. Ce n'est pas le paradis éternel promis par les religions, mais c'est un paradis terrestre – au moins pour nous citoyens du Nord opulent de la planète – dans lequel on peut s'installer avec un degré suffisant de satisfaction et de bonheur.

Questions pressantes

L'anthropologie scientifique de la finitude couvre peut-être les questions constitutives du *cœur* de l'homme – et moi qui suis-je? qui m'aime finalement ? qui me rassure? quel est le sens de la naissance et de la mort? et avant, et après? –, mais ne les élimine pas. Et l'expérience de la maladie, de la souffrance et de la mort, que vivent patients, parents et agents de santé, suffit à jeter un doute sur la prétention selon laquelle la finitude se suffit à elle-même, et que l'homme est seulement sa propre expérience.

Les questions bioéthiques si actuelles ont accru le doute sur cette vision du monde qui s'est installée dans la finitude. En quel sens et pourquoi? Bien que la bioéthique soit une discipline très récente, aux contours souvent incertains, le fait qu'elle ait envahi en quelques années tous les domaines de la santé est évident. Et elle est en train d'affronter une série toujours plus longue et plus complexe de questions que posent les sciences et les techniques. En acceptant de répondre aux questions que le complexe des sciences médicales pose sur la santé de l'homme – les questions centrales de la vie et de la mort –, la bioéthique ne cesse de rendre actuelle la question de l'*humain* (il s'agit d'anthropologie philosophique), avec ses conséquences mondiales. Ces questions aboutissent à une seule grande interrogation: l'aspiration à la durée, à l'infini, qui est au cœur de la demande de santé du patient, est-il le fruit d'une erreur de perspective? L'infini (Dieu), de quelque façon qu'on l'imagine, une vie au-delà de la mort qui oriente la vie avant la mort, s'agit-il de la pitoyable illusion derrière laquelle nous dissimulons notre incapacité psychologique à vivre dans la finitude? Ou bien le désir ardent d'immortalité, cette aspiration à renaître après la mort dans notre "vrai" corps, que nous portons tous dans notre cœur, est-il un acompte de l'infini? Finitude ou infini? Quelle est finalement la clef qui résout l'énigme de l'homme?
L'apparition de la bioéthique dans le milieu médical, qu'on le veuille ou non, impose à travers des questions brûlantes – de l'emploi des cellules souches (lesquelles?) jusqu'à l'acharnement thérapeutique et à l'euthanasie, du délicat rapport entre économie et organisation de la santé jusqu'au droit aux soins dispensés aux personnes au-dessus de soixante-cinq ans – le traitement de cette question qui est la

question centrale. Pour ce faire, je me limiterai à répondre sommairement à deux questions: quelle vie? et quelle mort?

Quelle vie?

Sur la vie et sur l'histoire de la vie les explications rassurantes sont insuffisantes. Aujourd'hui, très souvent, elles ne sont pas à la hauteur des questions réelles. L'intérêt croissant – et parfois objectivement déséquilibré – pour le monde animal et pour le monde des esprits qui est un caractère toujours plus marqué des habitants de l'hémisphère Nord, confirme cette donnée. Non seulement, comme nous l'avons dit, la référence aux sciences biologiques (qui fondent la bioéthique) montre la complexité (non l'impossibilité) de toute définition élémentaire de la vie et l'ensemble des questions qui s'y rattachent, mais encore dans le domaine des sciences philosophiques et théologiques, la question de la vie (et de *quelle* vie) exige une réflexion critique complexe. Il suffit de citer, par exemple, le problème délicat de l'interprétation du *continuum* dans le passage des diverses formes de vie (surtout de celle des primates supérieurs à la forme humaine) par rapport à la qualité ontologiquement "autre" de la vie humaine.

Si en lançant l'accusation de *speciism,* certains auteurs (Singer) ont pu trouver un accueil favorable, influençant fortement le climat culturel dominant, il faut à plus forte raison affronter, en écartant toute autosuffisance simplificatrice, les problèmes complexes et articulés liés à l'apparition de la conscience (et de la conscience de soi). Il ne suffit pas d'une transposition mécanique, en termes de savoir réfléchi, de la perception syncrétique du *novum* radical lié à l'apparition, avec l'espèce humaine, des phénomènes "conscience" et "conscience de soi", telle qu'elle affecte le sens commun. Je suis personnellement convaincu que ce *novum* existe et que, dans le cadre d'une science de l'homme complète et rigoureusement organisée, il est bien démontrable en fin de compte : mais cela exige un engagement critique considérable et qui n'est jamais donné.

Un second exemple peut éclairer de surcroît, d'un point de vue philosophique, la difficulté critique de la notion de vie et d'histoire de la vie (*quelle vie?*). Je pense au principe d'individuation de « cet homme en particulier», expression chère à Kierkegaard. Il est, sans doute, possible de montrer avec pertinence ce qui permet la *différence personnelle* qui caractérise chaque individu à l'intérieur de l'espèce animale, mais il s'agit d'une entreprise complexe. En effet, quand on parle d'un individu humain, à quoi fait-on exactement référence? Au fait que tout homme est entièrement homme et que dans cette "appartenance au genre" consiste son unité individuelle ou bien au fait que chaque homme est indivisiblement lui-même (*in-dividu*)? On ne pourra jamais choisir entre l'un et l'autre pôle. Dans le domaine de la contingence, même pour cette créature finie qu'est l'homme, l'*unité* est toujours *polaire* (ou duale : individu-genre) et, donc source de tensions permanentes qui ne sont pas toujours "faciles à penser". D'autant plus que la possibilité du "clonage" humain montre l'insuffisance d'une *transposition automatique* – c'est-à-dire sans approfondissements technico-pratiques permanents –, en termes de coexistence civile et de régulation étatique, des principes comme celui de la liberté de conscience ou celui de la règle d'or elle-même ("ne fais pas autrui ce que tu ne veux pas qu'on te fasse"). Quel contenu donner, alors, aux notions de "vie" et d'"histoire de la vie"?

Deux données me semblent indiscutables.
La première provient d'une limitation et donc, à première vue, d'une négation. L'identité de la vie humaine, et donc de la personne, n'est pas seulement une donnée *biologique* (au sens d'une simple enquête de biologie positive). Avant tout, *tendre vers l'autre* ou *prendre part à son action* ne sont pas de simples faits biologiques, même s'ils dépendent étroitement des conditions biologiques de leur mise en oeuvre.
En second lieu, la vie et l'identité de l'homme se révèlent de manière définitive dans sa sortie permanente du moment présent, parce que l'aventure de l'homme échappe, de toutes parts, à un espace - temps clos. La vie et l'identité de l'homme ont une *histoire* (qui est le *passé*) qui prend sens à la lumière de ce *futur* qui est *présent* (qui incombe) à chaque instant du temps, sans s'identifier pour autant à aucun d'eux. C'est pourquoi les efforts pour trouver cette identité seulement dans des composantes biologiques et des chaînes génétiques seront tout à fait vains. En ce sens précis il est très difficile de saisir la qualité essentielle de la vie humaine personnelle si elle n'est pas reconnue dans cette *datité* ultime que les grecs appelaient *physis* (*nature*), entrecroisement profond et indénouable entre l'élément biologique et l'élément psycho-spirituel qui le transcende.
Hölderlin dit dans son poème *le Rhin* : "le pur jaillissement est une énigme, que même le chant peut à peine dévoiler : comme tu commences, tel tu resteras, pour autant qu'agisse la contrainte et la rigueur. C'est la naissance qui peut davantage et le rayon de soleil qui va à la rencontre du nouveau-né". "Comme tu commences, tel tu resteras... c'est la naissance qui peut davantage": en ce sens dans chaque homme se révèle un noyau donné et infrangible (la nature

humaine). Aucune culture ne peut construire – pour ainsi dire –, à partir de rien, la nature humaine de chacun. En outre “pour autant qu'agissent la contrainte et la rigueur”, on ne peut éviter le rôle du “rayon de soleil qui va à la rencontre du nouveau-né”. Le poète confirme que le caractère structurellement énigmatique de l'homme révèle la nature insurpassable de l'unité duale d'âme et corps qui le constitue.

Ces constatations me semblent faire ressortir une contradiction centrale que l'on peut souvent rencontrer dans le débat actuel sur les questions bioéthiques. Si l'on veut vraiment s'en tenir aussi à ce que les sciences (surtout biologiques) nous disent – elles nous attestent la nature comme une donnée –, on ne peut pas accepter une perspective théorique selon laquelle la nature humaine serait façonnée par la culture, au point d'apparaître comme créée par elle. L'expérience du changement continu que l'on constate chez tout individu ne peut être élevée sans critique et de par elle-même à l'expression “comme les choses se présentent”, en vue d'affirmer la prétention prométhéenne que *la culture produit la nature*. En outre l'analyse biologique de l'origine et du développement de l'embryon ne suffit pas pour nier que *le rayon de soleil* de sa relation constitutive avec l'autre (entendue non comme quelque chose d'extrinsèque ou de juxtaposé à cette donnée [nature], ni comme un produit occidental de la conscience de soi humaine, mais conçue comme quelque chose d'originel) traverse réellement la donnée biologique pour être à l'origine de la vie humaine de cette personne. La vie et l'identité de l'homme impliquent qu'il soit présent à l'autre, ce qui passe par la présence même de l'autre à lui. En ce sens le fait de venir à la lumière grâce à l'acte conjugal d'amour d'un père et d'une mère représente une révélation élémentaire de *quelle vie* est la vie de l'homme.

La question *quelle vie?* – comme toute question élémentaire et pour cela universelle – met en jeu tellement de problèmes et d'une telle densité qu'elle empêche de dormir tous les spécialistes de bioéthique, qui croiraient pouvoir délimiter facilement le domaine de leur recherche sans tenir compte de l'indispensable interdisciplinarité qui s'y attache. Dans tous les cas, c'est une inquiétude positive pour l'homme comme pour les sciences!

Quelle mort?

Qui vaincra à la fin: la mort ou cette misérable chair mortelle? Dans ce dilemme aussi s'affrontent les deux visions du monde que nous avons exposées. S'installer dans la finitude peut, comme nous l'avons reconnu, donner lieu à des vies nobles mais finalement résignées ou bien adopter le style de vie qui découle de l'espérance sûre et consolante de la résurrection de la chair, cela dépend, en fin de compte, de la réponse donnée à cette question inévitable. En effet, comme disait l'inquiétant romancier français Houellebecq, la mort est comme un bruit de fond qui accompagne chaque instant de notre vie. On ne peut pas non plus croire que les questions bioéthiques brûlantes puissent rester indemnes par rapport au choix anthropologique de base qui touche la plus radicale alternative de toutes celles qui concernent l'expérience humaine élémentaire.

En 1995, le Comité national italien de bioéthique affirmait dans des *Questions bioéthiques relatives à la fin de la vie humaine*:

"la mort ne peut pas être considérée à la manière d'un pur événement biologique ou médical: elle appartient à un ordre tout à fait différent, par rapport à celui auquel appartient l'événement maladif [...]. La mort en effet propose à l'homme une tâche proprement morale: celle de trouver un sens qui guide et soutienne sa liberté, qui comme liberté humaine trouve sa racine dans la conscience, de la part du sujet, de sa propre et invincible caducité".

Cette affirmation, même si elle nécessite quelques retouches précises, est importante pour au moins deux raisons. Avant tout elle établit une différence entre *événement maladif* et *événement mort*. Bien qu'étant souvent liés, les deux événements sont de nature différente. La mort n'est pas réductible à un pur événement biologique que l'on puisse affronter médicalement. Indépendamment du fait, sur lequel il n'importe pas ici d'insister, que l'événement maladif n'est pas un pur événement biologique – ce serait là une première et nécessaire correction à apporter au document – il est important de relever ici que l'observation du Comité national de bioéthique introduit la dimension anthropologique comme décisive pour affronter la question *quelle mort?* Il affirme, en effet, qu'elle est "porteuse d'une signification". En second lieu, le même document ouvre la route à la recherche de cette signification dans la direction anthropologico-philosophique que la morale (nous pourrions aussi dire la bioéthique) impose. Il va même jusqu'à affirmer que face à la mort le sujet met en jeu la racine même de sa liberté, qui consisterait dans la conscience de "sa propre et invincible caducité". Cette expression mériterait une plus grande rigueur, mais avant tout il convient de relever qu'elle a le mérite de mettre au premier plan l'urgence de l'interrogation anthropologique : *quelle mort?*

Pour la mort non plus, comme déjà pour la vie, on ne peut s'arrêter au biologique. A la question : *quelle mort?* il convient que nous cherchions à savoir si la liberté veut trouver le chemin pour se mesurer à l'autre inexorable question : *pourquoi la mort?* Autrement la caducité serait vraiment irréductible en sens absolu et la *vanitas* dont parle l'*Ecclésiaste* (1, 2: "vanité des vanités, tout est vanité") s'étendrait comme une invisible, mais tenace, couverture sur tout aspect de l'existence humaine, l'exposant ainsi à l'annihilation. Il en résulterait cet "esclavage de la peur de la mort" où "étaient tenus tous les hommes" dont parle la *Lettre aux Hébreux* (2,15) et d'où dérive le caractère persistant d'arrachement qui s'attache toujours à la mort puisque même le suicidé, ou celui qui, comme Maximilien Kolbe, choisit de mourir à la place d'un autre, aurait de toutes façons dû mourir.

La réponse à la question : *quelle mort?* intéresse tout le monde: aussi bien les partisans de la thèse pour l'installation dans la finitude, que ceux qui ne renoncent pas à chercher le sens et la signification (fondement) de la vie (et pour cela de la mort), qui révèle que la caducité n'est pas absolument irréductible. En d'autres termes la question se pose ainsi: le temps qui passe est-il une chute inexorable ou est-il le cheminement vers une présence qui rachète la caducité en l'introduisant définitivement dans l'éternité?

La réponse de Rilke à la question *quelle mort?* demeure pour moi incomparable: "Seigneur, donne à chacun sa propre mort, qui soit vraiment issue de cette vie, où il trouva l'amour, un sens et sa détresse". La profondeur de cette réponse est impressionnante. Nous le sentons tous, bien que nous ne puissions faire l'expérience de notre mort qu'au moment où elle se produira. Adorno n'a pas raison contre

Rilke quand il affirme: “la fameuse prière de Rilke est une piètre tromperie par laquelle on cherche à cacher que les hommes crèvent désormais, un point c’est tout”. Pourquoi? Parce que Rilke cherche la réponse le long de l’unique route possible vers une liberté finie (mais ouverte sur l’infini) comme la liberté humaine. Paradoxalement sa réponse est une puissante question, voire une invocation adressée à quelqu’un pour que *ma* mort soit *mon* accomplissement. Cela ne peut advenir que si mourir, de quelque façon, met en cause ma *liberté*. La mort ne peut être personnelle que si elle se connecte de quelque façon à ma liberté. Mais comment parler de liberté à propos de la mort, comment parler de mort comme épanouissement, et comme telle, en un certain sens, plénitude et accomplissement de vie, si elle possède toujours le caractère d’un arrachement, même dans les cas extrêmes du suicidé et de celui qui se livre volontairement au martyre? Certes à première vue cette objection paraît irréfutable. On ne donne pas une réponse convaincante à la question : *quelle mort?* si l’on ne défait pas le nœud *terrible* qui la sous-tend : *pourquoi la mort?* C’est le nœud qui serre à la gorge le patient quand il demande la guérison.

C’est le point où la demande de santé se lie inextricablement à celle de salut. Kafka l’exprime bien dans son récit *Un médecin de campagne*: “« Me sauveras-tu ? » souffle entre deux sanglots le garçon complètement hypnotisé par la vie qui grouille dans sa blessure”. Comment ma liberté peut-elle – je reprends les termes du document du Comité national de bioéthique – s’approprier la mort si tout semble déclarer le contraire? C’est seulement si je reconnais que ma liberté ne se réduit pas à une pure liberté de choix. Seulement si je reconnais qu’elle fleurit sur un avant qui l’éveille et l’attire. Un terrain duquel la liberté de choix de tout homme tire sa sève tout au long de l'existence pour pouvoir atteindre l'acte extrême de l'abandon dans la mort. Certes l'événement de la mort, en tant qu'événement, n'est jamais au sens absolu à la portée du choix de l'homme (sinon, comme nous l'indiquerons, dans le cas de Jésus-Christ, homme singulier, au sens absolu), mais cela n'empêche pas à la liberté de se l'approprier en quelque sorte. Mieux encore, ce travail d'appropriation est le niveau primaire de l'engagement éthique de la vie de toute personne. Engagement auquel personne en effet ne peut se soustraire.

Tout acte de la liberté finie, même le plus banal, comme le fait de sortir par cette porte, ne peut se définir complètement que quand "il arrive", quand on l'"accomplit". Donc il n'est jamais tout à fait maîtrisable *a priori* par mon choix. Cela signifie qu'à bien y regarder, le fait pour lequel surtout la mort ne peut être régie par mon choix est tout à fait analogue à ce qui se vérifie dans chaque acte de ma liberté. La finitude se sent dans chaque acte. Le fini n'est pas l'infini. Pourquoi ne suis-je pas Dieu? Narcissisme et délire de toute-puissance d'une part nous poussent à nous prendre pour Dieu, mélancolie et désenchantement nous conduisent d'autre part à nous installer dans la finitude. Mais ce ne sont pas là des réponses. Plus réaliste est l'attitude de celui qui, je le répète, ne réduit pas sa liberté à une liberté de choix.

Celle-ci est en effet précédée par une donnée pour ainsi dire "naturelle": mon être situé dans la chair (corps donné, nature) m'"incline" de façon "spontanée" à assumer des attitudes et des comportements qui réalisent mon besoin pour moi. Saint Thomas a bien exprimé ce dynamisme qui est à la racine de la liberté, en parlant d'inclinations naturelles comme ce qui "convient à l'homme comme nature vivante, animale et rationnelle". Mais il y a un autre élément plus important qui définit l'ampleur de la liberté humaine et qui traverse toute la liberté de choix et dans le même temps la transcende. Le fait que l'acte de ma liberté ne puisse être saisi avant que je ne l'accomplisse, me dit que pour considérer aussi de façon raisonnable l'acte banal consistant à sortir par cette porte, je dois disposer de la signification ultime de la liberté elle-même. C'est seulement cela qui me permet cet acte. Cette signification doit être de la même nature que l'acte de liberté. C'est pourquoi ce ne peut pas être une idée. Elle doit être elle-même un événement qui s'offre en tout acte de liberté pour que je le réalise. Cet événement est une présence en quelque sorte absolue qui, plus ou moins consciemment, m'attire à elle à partir des inclinations naturelles par tous les actes de liberté que j'accomplis tout au long de mon existence. Déjà à ce niveau on peut reconnaître qu'en vertu de son caractère oblatif cet événement est Amour, avec une majuscule.

Pour nous résumer, *aucun acte de liberté ne peut être réduit à la pure liberté de choix*. Mieux encore, celle-ci ne peut jamais ne pas tenir compte, d'une part de la nécessité de seconder une inclination qui la précède et, de l'autre, de la réponse due à l'absolu vital (vérité-Bien) qui dans le choix même lui est offerte pour le permettre.

Si l'on réfléchit avec attention, on doit reconnaître que la mort met en jeu de façon particulièrement forte ces deux facteurs qui, avec la liberté de choix, sont constitutifs de l'acte de liberté. Elle est liée de façon radicale à la *datité* finie de ma nature qui me précède et en elle l'absolu m'interpelle de manière péremptoire. Pour autant l'impuissance ultime de la dimension de choix face à la mort ne dépersonnalise pas ma mort. Au contraire ce manque, dû justement à la caducité, ouvre l'homme au devoir de la vie, en rendant possibles

les deux autres facteurs qui conduiront ma liberté à la satisfaction: l'inclination naturelle (les implications bioéthiques sont ici mises en cause au niveau anthropologique, cosmologique et social!) et l'accueil de l'événement de la vérité-amour (ici réapparaît avec force l'inéluctable question philosophique et religieuse qui d'après Auguste Comte ne devrait plus être posée). Dans l'acte de ma mort, le temps de la liberté du choix s'achève et m'est alors demandé un *abandon* total au don de la vérité-Bien qui, à travers les inclinaisons naturelles, déjà m'attirait vers lui. C'est en ce sens que dans ma mort s'accomplit ma liberté. L'imparfaite liberté de choix, toujours de nouveau "contrainte" d'entrer en jeu à cause de l'inéluctable détermination de ma volonté, trouve satisfaction dans l'infini qui vient à ma rencontre. Elle s'accomplit. C'est ici enfin que trouve réponse la question de santé-salut qui demande toujours la guérison, mais qui sait bien que la mort peut être seulement retardée et jamais vraiment totalement. Et même, du moins en l'état actuel de la médecine, elle ne peut être que retardée et seulement pour un temps relativement bref. Il ne s'agira plus des soixante-dix ou quatre vingt ans du célèbre psaume. Nous y ajouterons peut-être quelques dizaines d'années, mais le temps de la vie est toujours bref, et sa qualité après un certain âge reste toujours précaire.

Il ne me semble pas hors de propos de rappeler brièvement la perspective théologique, que l'événement Jésus-Christ comme fait garanti par le témoignage ininterrompu des chrétiens ouvre à l'énigme de la mort. En Jésus-Christ, on voit de manière extraordinaire comment la mort est tout à fait personnelle. Il devient ainsi la garantie de ma propre mort comme un abandon singulier de l'événement vérité-Bien. Le combat que le Crucifié, avec sa mort singulière, unique et non reproductible, mène avec la mort qui nous est commune, à nous les hommes, nous la montre comme l'accomplissement effectif de la liberté dans l'abandon au lieu où s'éprouve la consistance définitive et la plus totale assurance: l'étreinte chargée d'amour du Père. Le Christ en effet accepte librement (*sponte*) de mourir innocent pour nous, bien qu'étant le seul qui pouvait ne pas mourir. Si l'amour est ce qui me rassure – comme le démontre la résurrection du Christ, arrhes de ma propre résurrection –, alors la mort est le moment où ma liberté de créature finie rencontre l'étreinte de la liberté infinie du Père, qui l'accueille dans sa demeure de vie permanente, d'éternel salut. Dans l'acte de mourir, je découvrirai que je ne finis pas dans le néant. Ce sera le moment de ma vraie naissance.

Même pour qui ne croirait pas en Jésus-Christ, mais reconnaîtrait l'existence d'un être transcendant et personnel, et même pour qui déclarerait obstinément ne croire en rien, dans l'élément d'*abandon* contenu dans l'acte de mourir, il est impossible de ne pas reconnaître une certain expérience de l'amour. De quelque manière qu'on veuille l'appeler, et même si on la réduisait à de rares et pâles vestiges, cette expérience de l'amour-abandon contenue dans ma mort proclame ma liberté.

Première édition française:
Mars 2013.

Imprimé par:
Tipolitoeuropa
Coni (italie)
www.tipolitoeuropa.com